CHRISTOPH BAUSENWEIN

DAS GROSSE BUCH DES HSV

VERLAG DIE WERKSTATT

Der Autor

Christoph Bausenwein veröffentlichte im Verlag Die Werkstatt einige viel beachtete Bücher, zuletzt über den Bundestrainer *(Joachim Löw und sein Traum vom perfekten Spiel)*. Speziell für Jugendliche verfasste er mehrere Bücher über die deutsche Nationalmannschaft, den Frauenfußball und verschiedene Bundesligavereine.

Bildnachweis

firo sportphoto: 56o, 60 (4), 61 (2), 64m

Fotoagentur Horst Müller: Cover (3), 23, 27u, 38u, 47ul, 53o, 70/71

Getty Images: 7o, 41o, 45u, 83, 90o, 94

Historisches Sportarchiv Wolfram Dietz: 11, 19 (8), 93o

HSV-Museum: 24o, 27o, 29 (3), 42o, 43o, 47o (1), 76o, 77o, 82l, 92o+u

Imago Sportfoto: Cover (1), 2/3, 26, 31r, 33, 34, 35, 50, 53u, 57, 61ul, 62, 63 (2), 64o+u, 65 (3), 66 (3), 67 (3), 77u, 84r, 85, 86, 88

picture alliance / dpa: Cover (2), 6, 21, 22u, 24u, 25, 28, 28/29, 46, 52, 54, 58, 59l, 68, 73, 79u, 82r, 87

Witters Sport-Presse-Fotos: 4, 7u, 30, 36 (2), 37o, 38o, 39, 40o, 41u, 42u, 43u, 44, 45o (3), 47 (2), 49, 51 (2), 55, 57, 59, 61ur, 65 (2), 67, 69u, 72/73, 74, 75, 79o, 80 (2), 81, 84l, 86r, 89, 95, Rückseite

ullstein bild: 31l

Literatur

Wenn ihr noch mehr über den HSV erfahren wollt, dann schaut doch in unten stehende Bücher. Aus ihnen stammen auch viele Informationen, die dieses Buch enthält:

W. Skrentny/J. R. Prüß: *Immer erste Klasse. Die Geschichte des HSV*, Göttingen 2011

W. Skrentny/J. R. Prüß: *Mit der Raute im Herzen. Die große Geschichte des Hamburger SV*, Göttingen 2008

A. Formeseyn: *Unser HSV*, Bremen 2009

Bibliografische Information der Deutschen Nationalbibliothek:
Die Deutsche Nationalbibliothek verzeichnet diese Publikation in der Deutschen Nationalbibliografie; detaillierte bibliografische Daten sind im Internet über http://dnb.d-nb.de abrufbar.

2., aktualisierte Auflage August 2013

Lotzestraße 22a, D-37083 Göttingen
www.werkstatt-verlag.de

Satz und Gestaltung: Verlag Die Werkstatt
Covergestaltung: www.vogelsangdesign.de
Druck und Bindung: aprinta-druck, Wemding

ISBN 978-3-89533-817-5

INHALT

Der HSV: Immer erste Klasse

Der Hamburger SV ist der einzige Verein, der seit der Gründung der Fußball-Bundesliga 1963 an jeder Saison teilgenommen hat. Weil er der letzte übrig gebliebene Dauergast in der Bundesliga ist, wird er auch als „Dino" der Liga bezeichnet. Aber der HSV hatte auch schon in früheren Jahren Erfolg. Als einziger deutscher Verein spielt er seit 1919 ununterbrochen in der jeweils höchsten Spielklasse.

Die Hamburger konnten sich schon etliche Titel sichern. Neben sechs Deutschen Meisterschaften und drei DFB-Pokalsiegen gewann der HSV auch die bedeutendsten internationalen Trophäen: den Europapokal der Pokalsieger und den Europapokal der Landesmeister (heute Champions League). Aber auch in titellosen Jahren spielte der HSV sehr oft ganz oben mit. So wurde er neunmal Deutscher Vizemeister.

Der HSV feiert die Deutsche Meisterschaft 1960.

Titel und Erfolge

Außerdem stand er noch weitere dreimal sowohl im DFB-Pokalfinale als auch im Endspiel des Europa-Cups (je einmal im Pokalsieger-Cup, Landesmeister-Cup und UEFA-Cup).
Um alle weiteren Titel des HSV aufzuzählen, müsste man viele Seiten füllen. Von 1919 bis 1963 war er der mit Abstand beste Fußballklub im Norden. Er wurde mehrfach (Groß-)Hamburger Meister, Nord-Pokalsieger, Nordmark-Meister und allein 26-mal Nordmeister. In den letzten Jahren hat der HSV zwar nicht mehr ganz so erfolgreich gespielt. Trotzdem hat er noch „kleine" Titel gewonnen, so im DFB-Ligapokal und im europäischen UI-Cup. Aber natürlich wollen alle Macher und Fans des HSV bald mal wieder einen großen Erfolg erringen.

Der HSV nach dem Gewinn des Europapokals der Landesmeister 1983.

Deutscher Meister 1982: der HSV!

Deutscher Meister 1923, 1928, 1960, 1979, 1982, 1983

DFB-Pokalsieger 1963, 1976, 1987

Gewinner Europapokal der Landesmeister (Champions League) 1983

Gewinner Europapokal der Pokalsieger 1977

HELDEN IN ROTEN HOSEN

Der HSV 1887 – 1945

Deutscher Meister 1923, 1928

Norddeutscher Meister 1921, 1922, 1923, 1924, 1925, 1928, 1929, 1931, 1932, 1933

Meister Gauliga Nordmark 1937, 1938, 1939, 1941

Diese drei Vereine schlossen sich zum Hamburger SV zusammen.

SC GERMANIA VON 1887
gegründet 29.9.1887
(gilt seit 1934 als „Geburtsdatum" des HSV)

HAMBURGER FC VON 1888
gegründet 1.6.1888

Falke 06

FC FALKE VON 1906
gegründet 5.3.1906
Übertritt zum HSV 88 am 12.5.1919

1887: Die Ursprünge des HSV

Der Hamburger SV wurde offiziell am 29. September 1887 gegründet. Damit ist er einer der ältesten deutschen Fußballvereine überhaupt. Eigentlich gibt es den HSV aber erst sei dem 1. Juni 1919. An diesem Tag kam es nämlich zum Zusammenschluss der drei Vereine „SC Germania von 1887", „Hamburger SV 1888" und „FC Falke 1906" aus Eppendorf. Der neu entstandene Verein hieß zunächst „Hamburg 88-Germania-Falken". Wenig später vereinfachte man den schwierigen Namen zu „Hamburger Sportverein". Die Tradition seiner drei Vorgängervereine wollte der HSV aber trotzdem unbedingt fortsetzen. Und so legte man fest, dass der Gründungstag des ältesten Vereins, also des SC Germania, auch für den Hamburger SV gelten soll.

Als Trikotfarben wurden die Farben der Hansestadt Hamburg bestimmt: Rot für die Hosen und Weiß für die Trikots. Die schwarz-weiße Raute auf blauem Grund wurde zum Wappen des neuen Vereins.

Der Hamburger SV in seiner ersten Saison 1919/20.

Sammelbild aus den 1920er Jahren zu einem Spiel des HSV gegen Prag.

Geschichte des Fußballs
1848 Erste allgemeine Fußballregeln in Cambridge (England)
1863 Gründung des englischen Fußballverbandes (Football Association, FA)
1872 Erstes Pokalendspiel in England (FA-Cup)
1880 Einführung des Schiedsrichters
1885 Erste Profis in England
1888 Gründung der englischen Liga (Football League)
1888 Gründung von Germania 1888 in Berlin (ältester heute noch bestehender deutscher Fußballverein)
1891 Erstmalige Verwendung von Tornetzen
1900 Gründung des DFB in Leipzig
1903 VfB Leipzig erster Deutscher Meister
1904 Gründung der FIFA in Paris
1930 Erste Weltmeisterschaft in Uruguay
1963 Einführung der Bundesliga

1919: „Rothosen" am Rothenbaum

Das erste Spiel des HSV fand am 24. August 1919 zur Einweihung des neu hergerichteten Sportplatzes am Rothenbaum statt. Die Hamburger hatten den FV Werder Bremen zu Gast und gewannen mit 5:1. Im September starteten die „Rothosen" in ihre erste Saison in der Hamburger Liga mit einem 8:0-Sieg gegen den SC Concordia. Trotz weiterer guter Spiele wurde die Meisterschaft in Hamburg knapp verpasst. Mit nur einem Punkt Rückstand landete der HSV hinter dem SC Victoria auf dem 2. Platz.

Zur Saison 1920/21 richtete der Norddeutsche Fußball-Verband zwei höchste Spielklassen ein: die Nord- und Südkreisliga. Der HSV, der sich mit Torjäger Ludwig Breuel verstärkt hatte, zeigte nun seine Klasse. Er wurde ungeschlagen Meister der Nordkreisliga. Anschließend wurde er durch zwei Siege über den Südkreis-Meister Hannover 96 (3:1, 8:0) zum ersten Mal Norddeutscher Meister. Entscheidend für den Erfolg war sicherlich, dass der Vereinsvorstand erstmals „richtige" Trainer eingestellt hatte: Zuerst übte die Mannschaft unter dem fußballbegeisterten Boxer Willi Turner, danach gab für kurze Zeit der Berliner Sportlehrer Richard Girulatis gute Tipps. Für den ganz großen Triumph aber reichte es noch nicht. In der Endrunde um die Deutsche Meisterschaft verlor der HSV im Viertelfinale gegen den Duisburger SV knapp mit 1:2 in der Verlängerung.

Szene aus dem Berliner Spiel: Tull Harder macht Druck.

1922: Das „endlose Endspiel"

Obwohl die „Rothosen" in der Saison 1921/22 nur Dritter wurden, durften sie als Titelverteidiger an der Endrunde um die Norddeutsche Meisterschaft teilnehmen. Hier spielte der HSV stark auf und gewann erneut den Titel. Schließlich zog er sogar in das Endspiel um die Deutsche Meisterschaft ein. Im Berliner Grunewaldstadion wartete am 18. Juni 1922 ein mächtiger Gegner: der Meister des Vorjahres, der 1. FC Nürnberg.

Während Nürnberg auf sein Flachpassspiel setzte, verließ sich der HSV auf seinen bald berühmten „Husarenstil". Mit langen Pässen aus der Abwehr wurden die Außenstürmer angespielt. Die stürmten nach vorne, um mit ihren Flanken die gefährlichen Innenstürmer Ludwig Breuel und „Tull" Harder zu bedienen. Tatsächlich hatte die Taktik Erfolg: Nach einem schnellen Konter in der 19. Minute zog Linksaußen Hans Rave gleich selbst ab.

Dann kam der „Club". Direkt nach dem Wiederanpfiff fiel der Ausgleichstreffer, und nur zehn Minuten später erzielten die Nürnberger gar die Führung. Der HSV drängte nun und glich vier Minuten vor dem Abpfiff durch Hans Flohr zum 2:2 aus. Es gab Verlängerung. Elfmeterschießen gab es damals noch nicht. Deshalb sollte bis zum nächsten Tor gespielt werden. Weil aber einfach keine Tore mehr fallen wollten, zog sich das Duell schier endlos in die Länge. Die Spieler waren restlos erschöpft, als bereits die Dunkelheit hereinbrach. Nach 189 (!) Minuten entschied Schiedsrichter Peco Bauwens, das Spiel abzubrechen.

„Kalle" Schneider kommt gegen den Nürnberger Torhüter Stuhlfauth zu spät.

Wiederholungsspiel in Leipzig

Der DFB setzte nun ein Wiederholungsspiel an. Es fand bei brütender Sommerhitze am 6. August in Leipzig vor 55.000 Zuschauern statt. Da es nach 90 Minuten erneut unentschieden (1:1) stand, gab es wieder Verlängerung. Aber die Chancen des HSV standen nun gut. Für den „Club" waren nur noch neun Spieler auf dem Platz: Einer hatte bereits in der ersten Halbzeit wegen Nachtretens einen Platzverweis erhalten, in der zweiten war ein weiterer wegen Verletzung ausgeschieden. Auswechseln war damals noch nicht erlaubt. Deshalb konnten verletzte Spieler nicht ersetzt werden.

In der Verlängerung verloren die Nürnberger dann noch weitere Spieler. Der hitzköpfige Träg wurde wegen Foulspiels an Ali Beier vom Platz gestellt. Da waren es nur noch acht. Kurz darauf brach der Clubspieler Popp vor Erschöpfung zusammen. Schiedsrichter Peco Bauwens machte darauf aufmerksam, dass nach den Regeln von jedem Team mindestens acht Spieler auf dem Platz stehen müssen. Popp konnte aber nicht mehr weitermachen. Also musste Bauwens das Spiel vor Beginn der zweiten Verlängerung abbrechen.

Das Jahr ohne Meister

Vier Stunden und 54 Minuten Gesamtspielzeit hatten keine Entscheidung gebracht. Oder doch? Der DFB erklärte wegen des „unsportlichen Verhaltens" der Nürnberger zunächst den HSV zum Deutschen Meister. Nürnberg protestierte gegen die Entscheidung, weil der Spielabbruch regelwidrig erfolgt sei (nämlich in einer Spielpause). Der HSV musste seinen Titel wieder zurückgeben. Wenig später wurde er ihm dann erneut zugesprochen. Jetzt hatte aber der Hamburger Vorstand das Hin und Her satt und verzichtete endgültig auf den Titel.

Fröhliche Kameradschaft
Feinde sind die Spieler aus Hamburg und Nürnberg trotz dieses harten Kampfes um die Meisterschaft nicht geworden. „Wenn man mal in so einem Spiel drei Stund' lang spielt", meinte Club-Torwart Heiner Stuhlfauth, „dann lernt man sich schon kennen, kameradschaftlich und charakterlich." Tatsächlich sollte man noch oft miteinander feiern. Häufiger Treffpunkt war Stuhlfauths Weinlokal in Nürnberg. Nicht selten fuhren die HSV-Spieler am nächsten Tag mit Kopfschmerzen nach Hause …

Club-Torwart Stuhlfauth ist in Leipzig zu zahlreichen Paraden gezwungen. Links Tull Harder.

Von 1903 bis 1944 gab's für den Deutschen Meister keine Schale, sondern die Victoria.

1923: Die erste Meisterschaft

Im Jahr 1923 errang der HSV seinen ersten Meistertitel mit tollen Leistungen auf sportlichem Weg. Die Männer mit der Raute gewannen überlegen die Hamburger Liga und holten sich dann auch noch die Norddeutsche Meisterschaft. Schließlich gelangten sie durch Siege gegen Guts-Muts Dresden (2:0) und den VfB Königsberg (3:2) in das Endspiel um die Deutsche Meisterschaft. 64.000 Zuschauer sahen am 10. Juni 1923 im Berliner Grunewaldstadion einen überlegenen 3:0-Sieg der „Rothosen" gegen den Berliner Verein Union Oberschöneweide. Für die Tore sorgten Otto Harder, Ludwig Breuel und Karl Schneider. Überragender Mann auf dem Platz aber war der Spielmacher im Zentrum des HSV: der norwegische Mittelläufer Asbjørn Halvorsen.

Das Meisterteam von 1923:

In den 1920er Jahren traten die Fußballmannschaften sehr offensiv mit fünf Stürmern an. Der zentrale Spielmacher (beim HSV Halvorsen) hieß Mittelläufer.

Schiedsrichter Brucker, Tull Harder und der Berliner Standke vor dem Anpfiff des Endspiels 1923.

1928: Zweiter Meistertitel nach langem Anlauf

Auch 1924 schaffte es der HSV locker bis ins Endspiel um die Deutsche Meisterschaft. In der ganzen Saison hatte er keine einzige Niederlage kassiert. Erst im Finale, das wieder in Berlin ausgetragen wurde, fand er seinen Meister. Gegen den alten Rivalen 1. FC Nürnberg gab es eine bittere 0:2-Niederlage. Auch in den folgenden Jahren blieb der HSV in Norddeutschland die Nummer 1, bis dann Holstein Kiel dem Serienmeister aus Hamburg gleich zweimal hintereinander den Titel wegschnappte. In der Endrunde um die Deutsche Meisterschaft waren die „Rothosen" trotzdem immer dabei. Bis ins Finale aber gelangten sie erst wieder im Jahr 1928, nachdem sie unter anderem Schalke 04 und Bayern München besiegt hatten.

Das Endspiel am 29. Juni gegen Hertha BSC Berlin fand zuhause in Hamburg statt. 42.000 Zuschauer im Altonaer Stadion sahen einen toll auftrumpfenden HSV. Die vom ehemaligen Spieler Rudolf Agte betreuten „Husaren" aus Hamburg stürmten wild nach vorne und führten bereits nach 20 Minuten mit 3:0. Danach ließ der HSV nicht mehr viel anbrennen, am Ende hieß es 5:2. Die Tore für den HSV schossen zweimal Kolzen und je einmal Harder, Rave und Horn. Wie schon 1923 war es ein nie gefährdeter Sieg. Die Hamburger Fans waren überglücklich und überschütteten ihre Mannschaft mit brausendem Beifall.

Das Meisterteam von 1928:

Konkurrenten des HSV
Bis auf Hannover 96 waren die größten Konkurrenten des HSV im Norden allesamt Vereine, die heute im großen Fußball keine Rolle mehr spielen: Sie hießen Altona 93, Eimsbütteler TV, Holstein Kiel und Arminia Hannover. Werder Bremen und der FC St. Pauli hatten in den 1920er Jahren noch keine große Bedeutung.

Oben: Andrang der Massen beim Endspiel 1928.

Unten: Hertha-Torwart Gehlhaar rettet vor Ziegenspeck.

1933: Der HSV in der Gauliga Nordmark

Nach der Machtübernahme der Nationalsozialisten im Januar 1933 wurde der ganze Fußball umgekrempelt. Höchste Spielklasse im Norden war nun die Gauliga Nordmark, die sich auf Hamburg, Schleswig-Holstein und Mecklenburg erstreckte. Der HSV war hier zunächst nicht mehr ganz so erfolgreich, da viele der Meisterspieler ihre Karriere aus Altersgründen beendet hatten. Dreimal hintereinander wurde der alte Rivale Eimsbütteler TV Gaumeister. Dann aber errang der HSV mit einer jungen Mannschaft aus Talenten wie Richard Dörfel und Rudolf Noack dreimal hintereinander den Titel im Norden. Das bedeutete, dass die „Rothosen" auch wieder an der Endrunde um die Deutsche Meisterschaft teilnehmen durften. Dabei kamen die Hamburger dreimal bis ins Halbfinale.

Rudolf Noack schoss in der Saison 1931/32 in 26 Spielen 48 (!) Tore.

NS-Reichsbund für Leibesübungen
Sportfeld Frankfurt
4. 6. 1939
Sonntag, 4. Juni 1939, nachm. 15 Uhr
Admira Wien / Hamburger SV.
Vortribüne Seite rechts

Eingang	Block:	Platz
1	K	* 224

Eintritt: Vorverk. 1.45 Platzkasse 1.65 einschließlich Sportgrosch.

Falls die Veranstaltung aus irgendwelchen Gründen verlegt werden muß, behält die Karte ihre Gültigkeit und berechtigt zum Besuch einer späteren Veranstaltung. Der Veranstalter übernimmt keine Haftung für Sach- oder Körperschäden, die aus Anlaß des Besuches entstehen.

Druck: Georg Hornberger, Waldfischbach-Pfalz

NSRL. Sportfeld Frankfurt 4. 6. 39
224
*
Vortribüne Seite rechts

Eintrittskarte für das DM-Halbfinale 1939. Die deutsche Wehrmacht hatte im Jahr zuvor Österreich besetzt, so dass nun auch Mannschaften wie Admira Wien um die Deutsche Meisterschaft mitspielten.

1939: Der Krieg spielt mit

Im September 1939 begann mit dem Angriff der deutschen Wehrmacht auf Polen der Zweite Weltkrieg. Auch die meisten Fußballer mussten nun an die Front. Ein normaler Spielbetrieb war da kaum mehr möglich. Es spielten immer wieder andere Spieler, je nachdem, wer gerade Heimaturlaub hatte. Die Qualität der Mannschaften war extrem unterschiedlich, und entsprechend fielen die Ergebnisse aus.

Im Frühjahr 1940 verlor der HSV mit einem zusammengewürfelten Team in den Entscheidungsspielen um die Nordmark-Meisterschaft gegen den

1940/41 wäre der HSV beinahe ins Halbfinale der Deutschen Meisterschaft eingezogen. Er schied aber in den Entscheidungsspielen gegen Schalke 04 aus (0:3, 1:0).

Eimsbütteler TV mit 1:4 und 0:6. In der nächsten Saison 1941/42 aber gewannen die „Rothosen" dann alle 22 Ligaspiele und schossen dabei 104 Tore. Das war die beste Saison in der Geschichte des HSV! In den folgenden drei Spielzeiten wurde der HSV jeweils Zweiter hinter Eimsbüttel, Victoria und dem LSV Hamburg. Erst in der letzten Kriegssaison 1944/45 war er wieder vorn.

Der HSV im Nationalsozialismus

Die Zeit der Hitler-Herrschaft (1933 – 1945) ging natürlich auch am HSV nicht spurlos vorüber. Etliche Vereinsmitglieder und Spieler traten Nazi-Organisationen wie NSDAP, SA und SS bei. Einer von ihnen war der ehemalige Torjäger Tull Harder, der Aufseher in verschiedenen Konzentrationslagern war. Dort starben Hunderte der zur Zwangsarbeit eingesetzten Häftlinge, und Harder wurde nach dem Krieg zu einer langen Gefängnisstrafe verurteilt.

Andere HSV-Mitglieder wurden wegen ihrer „Rasse" oder politischen Haltung verfolgt. Menschen jüdischer Abstammung wurden aus dem Verein ausgeschlossen. Der HSV-Präsident Emil Martens wurde wegen seiner Homosexualität verhaftet und misshandelt. Schlimmes musste auch der HSV-Star Asbjørn Halvorsen durchmachen, der 1933 in seine Heimat Norwegen zurückgekehrt war. Nachdem die deutsche Wehrmacht das Land besetzt hatte, beteiligte sich Halvorsen an einem Streik gegen die Besatzer. Er wurde als Widerstandskämpfer verhaftet und blieb bis 1945 unter schrecklichen Bedingungen in einem Lager eingesperrt.

LSV Hamburg
Der Luftwaffen-Sportverein (LSV) Groß Hamburg wurde Ende 1942 gegründet und war in den letzten Kriegsjahren der größte Rivale des HSV. Der LSV gelangte 1944 sogar bis ins Finale um die Deutsche Meisterschaft. Die Stammelf dieses Militärsportvereins bildeten Soldaten, die in Hamburg und Umgebung Dienst taten.

Asbjørn Halvorsen mit HSV-Präsident Martens (links) und dem nationalsozialistischen „Sportbeauftragten" im Jahr 1933.

DIE BESTEN HSVer
DIE ERSTEN STARS

Die schönsten Sprüche

„Heute spielt der Harder Tull, dann wird es 3:0."
Gesang aus einer Revue

„Walter, gib ihm Honig!"
Aufforderung Albert Beiers an Walter Risse. Sollte heißen: Attacke!

„Die schönste Zeit meines Lebens war die beim HSV."
Otto Carlsson, der Schwede in Diensten des HSV

Erster Stammtorwart des HSV in den erfolgreichen 1920er Jahren war **Hans Martens** aus Rothenburgsort. Aus Schleswig-Holstein kam 1925 **Wilhelm „Fiete" Blunk**. Der ehemalige Turner und Leichtathlet machte seinen Job so gut, dass er sogar einmal in die Nationalmannschaft berufen wurde.

Mittelpunkt des HSV-Spiels in den 1920er Jahren war der norwegische Nationalspieler **Asbjørn Halvorsen**. Der blonde Mittelläufer gab seine Anweisungen stets ruhig und überlegt und organisierte als Ballverteiler das Spiel. Aber nicht nur als Könner am Ball, sondern auch als fairer Sportsmann war „Assi" in ganz Deutschland bekannt und geschätzt.

Spielertrainer nach dem Ersten Weltkrieg war der knorrige Verteidiger **Rudolf Agte**. 1922 noch selbst im „endlosen Endspiel" dabei, amtierte er später als Teamchef des HSV. Als der Verteidiger **Walter Risse** 1923 vom Düsseldorfer SC 99 nach Hamburg kam, hatte er bereits fünf Länderspiele bestritten. Der zuverlässige Linksverteidiger war die perfekte Ergänzung zum Rechtsverteidiger **Albert Beier**. „Ali Baba" zählte zu den beliebtesten Spielern in den 1920er Jahren und war auch in der Nationalmannschaft Stammspieler.

Der Schwede **Otto Carlsson** überzeugte beim HSV mit Athletik und Kampfgeist auf der Position des Läufers. Nachfolger von Carlsson im Mittelfeld wurde der Supertechniker **Hans Lang**, der zuvor bei der SpVgg Fürth gekickt hatte. Eigentlich war er nach Hamburg gekommen, um ein Schiff nach Südamerika zu nehmen. Aber HSV-Werber hatten ihn abgefangen und ihm ein eigenes Café versprochen – da ließ sich Lang zum Bleiben überreden.

Ein wuseliger Stürmer auf Halbrechts war **Ludwig Breuel**. „Luten" kam zusammen mit seinem Nebenmann vom rechten Flügel, **Walter Kolzen**, im Jahr 1920 von Sperber Hamburg (Alsterdorf) zum HSV. 1923 war er im Halbfinale um die Deutsche Meisterschaft nicht dabei: Seine Hochzeit war ihm wichtiger. Im fernen Indien geboren wurde Breuels Ersatzmann **Heinrich Ziegenspeck**. Ab 1921 stand der intelligente, manchmal etwas umständliche, aber immer torgefährliche Stürmer zehn Jahre lang im Kader des HSV. Als „König der Mittelstürmer" galt in den 1920er Jahren **Otto Fritz Harder**, genannt „Tull". Er war damals in ganz Deutschland so bekannt wie später Uwe Seeler, sogar ein Film wurde über ihn gedreht. Tull war ein wuchtiger Kerl, schnell und draufgängerisch. Im Sturm des HSV verbreitete er Furcht und Schrecken und schoss insgesamt fast 400 Tore. **Franz Horn**, der ballgewandte Stürmer auf Halblinks, verteilte die Bälle wie ein moderner Spielmacher. Er traf auch oft ins Tor, einmal sogar in zwölf Spielen hintereinander. **Hans Rave**, der Mann mit dem tiefen linken Seitenscheitel auf Linksaußen, war klein und nicht unbedingt schlank. Aber mit seinen punktgenauen Flanken versorgte er zehn Jahre lang zuverlässig den Torjäger Harder in der Mitte.

DIE STARS DER 1930ER UND 1940ER JAHRE

Auch wenn der HSV in den 1930er und 1940er Jahren keine ganz großen Triumphe feierte, kickten doch etliche gute Fußballer in seinen Reihen. Da gab es zum Beispiel den Spielmacher und Torjäger **Rudi Noack**, der als ehemaliger Matrose ein Tattoo am Unterarm trug und in fast jedem Spiel ein Tor schoss, oder **Paul Janes**, einen der besten Verteidiger der Welt und damals Rekordnationalspieler (71 Einsätze). Publikumslieblinge waren die ballgewandten Brüder **Richard** und **Friedo Dörfel**. Während Richard in Hamburg als „König“ gefeiert wurde, schaffte Friedo sogar den Sprung in die Nationalelf. Sein Markenzeichen waren knallrote Fußballschuhe, die er sich bei einer Länderspielreise in Ungarn gekauft hatte. Der Hafenarbeiter **Erwin Seeler**, der 1938 im Alter von 28 Jahren zum „feinen“ HSV stieß, war ein umsichtiger Abwehrchef und berühmt-berüchtigt für die derben Sprüche, mit denen er seine Mitspieler dirigierte.

Sammelkarten der ersten Stars.

DIE ÄRA UWE SEELER

Der HSV 1946 – 1972

Deutscher Meister 1960

Deutscher Pokalsieger 1963

Fußballmeister der britischen Besatzungszone 1947, 1948

Meister Oberliga Nord (Norddeutscher Meister) 1948, 1949, 1950, 1951, 1952, 1953, 1955, 1956, 1957, 1958, 1959, 1960, 1961, 1962, 1963

Barfüßige Inder
Im Sommer 1952 traten die „Rothosen" in einem Freundschaftsspiel gegen die Nationalmannschaft Indiens an. Das Spiel endete 5:3. Die barfüßigen Inder kannten offensichtlich keinen Schmerz. Selbst auf dem steinigen Platz des Hamburger Billtalstadions wollten sie keine Fußballschuhe anziehen.

1947: Meister in der britischen Besatzungszone

Nach dem Kriegsende im Frühjahr 1945 war Hamburg eine Trümmerwüste. Viele HSV-Mitglieder waren im Krieg gestorben. Für die Überlebenden war es ein täglicher Kampf um Lebensmittel und Heizmaterial. Zu den wenigen schönen Dingen gehörte der Fußball. Wie durch ein Wunder war das alte HSV-Stadion am Rothenbaum nahezu unversehrt geblieben. So konnte es in einer „Hamburger Liga" 1945/46 auch gleich wieder mit dem Fußball losgehen. Der HSV gewann die Liga ungeschlagen. 1946/47 wurde eine Meisterschaft in der britischen Besatzungszone ausgespielt, die bis zum Ruhrgebiet reichte. Die „Rothosen" erreichten das Endspiel und gewannen dort gegen Borussia Dortmund mit 1:0.

Der HSV in der Oberliga Nord

Im Sommer 1947 nahm die Oberliga Nord ihren Spielbetrieb auf. Sie blieb bis zur Gründung der Bundesliga 1963 die höchste Spielklasse. In 15 von 16 Spielzeiten sollte der Titel „Norddeutscher Meister" an den HSV gehen.

In den ersten beiden Spielzeiten war der FC St. Pauli noch ein harter Konkurrent. Ab 1949 war der HSV dann kaum mehr zu schlagen. 1950 holten sich die „Rothosen" den Nord-Titel mit 101 Saisontreffern, im Jahr darauf sogar mit 113. 40 davon gingen allein auf das Konto von Torjäger Herbert Wojtkowiak.

Völlig überraschend gab es in der Saison 1953/54 einen großen Einbruch. Die Mannschaft spielte lustlos und kassierte gegen Arminia Hannover eine unfassbare 2:10-Niederlage. Es ist die bis heute einzige zweistellige Pflichtspiel-Niederlage in der HSV-Geschichte. Nur knapp entging der HSV am Ende dem Abstieg (11. Platz). Den Titel sicherte sich Hannover 96.

Oben: Der HSV ist Meister der britischen „Zone". Unten: Der Top-Torjäger neben Uwe Seeler: Klaus Stürmer (Mitte), hier in einem Oberligaspiel gegen Werder Bremen.

Runderneuerung mit jungen Spielern

In der Saison 1954/55 ging es wieder steil aufwärts. Das neue Trainer-Duo Martin Wilke und Günter Mahlmann setzte auf den eigenen Nachwuchs. Gerd Krug und Jürgen Werner wurden Stammspieler. Uwe Seeler und Klaus Stürmer machten aus dem HSV-Sturm wieder eine Torfabrik, und der HSV wurde mit 108 Treffern Nordmeister. In den folgenden Jahren wurde das Team mit Spielern aus Hamburg und dem Umkreis weiter verjüngt. So blieb der HSV in den folgenden Jahren die unangefochtene Nummer 1 in der Oberliga Nord.

Nur in der Endrunde, in der die Besten der fünf Oberligen den Deutschen Meister ausspielten, wollte es lange Zeit einfach nicht klappen. 1956 scheiterte der HSV nur ganz knapp am Einzug ins Finale. Im Jahr darauf gelang dann der Sprung ins Endspiel. Leider erwies sich dort Borussia Dortmund als ein zu starker Gegner. Die junge HSV-Elf verlor mit 1:4. 1957/58 zog der HSV nach einer tollen Saison erneut ins Finale ein. Mit Schalke 04 traf er wieder auf einen Gegner aus dem Westen, und erneut war der zu stark. Der Endstand lautete 0:3. 1958/59 sicherte sich der HSV wie üblich überlegen die Meisterschaft in der Oberliga Nord. Dann aber verhinderten die starken Offenbacher Kickers den Einzug ins DM-Finale. Allmählich begann man in Hamburg zu verzweifeln. Sollte man denn nie mehr Deutscher Meister werden?

Erstes Pokalendspiel
1956 erreichten die „Rothosen" erstmals in der Vereinsgeschichte das Endspiel im DFB-Pokal. In diesem 1935 eingeführten Wettbewerb hatte der HSV bis dahin nie etwas erreichen können. Gegen den Karlsruher SC brachte Uwe Seeler sein Team in Führung. Am Ende aber stand es 1:3.

Zuschauer auf den Dächern gab es beim 2:1 des HSV gegen Nürnberg in der DM-Endrunde 1956/57 in Köln.

Der Meisterschaftswimpel von 1960.

1960: Endlich wieder Deutscher Meister!

Seit 1947 hatte der HSV Jahr um Jahr ein ähnliches Bild abgegeben: Zunächst hatte er meist stark gespielt, dann aber am Ende der Saison nachgelassen. 1959/60 lief es anders herum. Der HSV startete mit unerwarteten Niederlagen, eroberte dann aber am 15. Spieltag die Tabellenspitze und gab sie bis zum Ende nicht mehr her. Herausragend war ein 10:2 gegen Holstein Kiel am 10. April 1960. Inzwischen spielten auch die jungen Talente Peter Wulf, Horst Dehn und Gert „Charly" Dörfel eine wichtige Rolle in der Hamburger Mannschaft. In der Endrunde um die Deutsche Meisterschaft leistete sich der HSV nur eine Niederlage und stand nach 36 Spielen und 118 Toren im Finale. Als Gegner wartete dort der 1. FC Köln.

Das Meisterteam von 1960:

In Frankfurt sahen 71.000 Zuschauer bei großer Hitze eine erste Halbzeit, in der die Kölner deutlich überlegen waren. Tore aber fielen keine. Als die Kölner dann acht Minuten nach dem Anpfiff der zweiten Hälfte in Führung gingen, wollte kaum mehr jemand auf den HSV wetten. Doch plötzlich ging ein Ruck durch die Mannschaft. Dieter Seeler flankte gleich nach dem Anstoß hoch in den Strafraum, Bruder Uwe war zur Stelle – 1:1. Nun drängte der HSV auf den

Zwei Weltmeister von 1954, Hans Schäfer und Helmut Rahn (von links) spielten bei den Kölnern. Dieter Seeler (Nr. 6) und seine Mannschaft ließen nur zwei Tore zu – und erzielten selber drei.

Führungstreffer und vergab dabei viele Chancen. In der 81. Minute aber brachte Gert Dörfel den HSV nach einem Konter mit 2:1 in Führung. Nur vier Minuten später glichen die Kölner zum 2:2 aus. Erneut Anstoß für den HSV, und wieder ging alles ganz schnell. Dörfel trieb den Ball nach vorne und wurde gefoult – Freistoß. Der gewitzte „Charly" Dörfel lupfte den Ball zu Klaus Stürmer, und der legte ihn über den Kölner Torwart hinweg Uwe Seeler vor die Füße. 3:2 – und noch vier Minuten zu spielen. Der HSV ließ nichts mehr anbrennen und spielte die Zeit locker runter. Endlich wieder Deutscher Meister nach 32 Jahren! Und das mit Spielern, die fast alle aus Hamburg oder der näheren Umgebung kamen.

Flucht vor den Fans: Nachdem begeisterte Anhänger ihnen nach dem Pokalsieg die Trikots vom Leib gerissen haben, verziehen sich Ernst Kreuz und Fritz Boyens eilig in die Umkleidekabine.

1963: Uwe Seeler gewinnt den DFB-Pokal

In den folgenden Jahren wurde der HSV wie üblich Meister in der Oberliga Nord. Ins Finale der Deutschen Meisterschaft schaffte er es aber nicht mehr. Dafür gelang ihm 1963 der Sprung ins Endspiel des DFB-Pokals. Gegner war Borussia Dortmund. Die Dortmunder galten als Favorit, da sie sich erst kurz zuvor den Meistertitel gesichert hatten. 70.000 Zuschauer in Hannover sahen dann aber überlegene Hamburger, die deutlich mit 3:0 gewannen. Alle drei Tore gingen auf das Konto von … ja, wem wohl? Uwe Seeler! Der unwiderstehliche Torjäger hatte fast im Alleingang für den Sieg gesorgt.

Mit diesem Titelgewinn endete die große Zeit der Oberligen. Nur zehn Tage nach diesem Finale, am 24. August 1963, startete die erste Bundesligasaison.

Die Pokalsieger von 1963:

Festtage gegen Barcelona
1960/61 nahm der HSV als Deutscher Meister erstmals am Europapokal teil. Er drang bis ins Halbfinale vor und traf dort auf den berühmten FC Barcelona. Nach einem 0:1 in Spanien ging ein toll aufspielender HSV beim Rückspiel in Hamburg mit 2:0 in Führung (Tore: Wulf, Seeler). Doch kurz vor dem Abpfiff gelang Barcelona der Anschlusstreffer. Der Gesamtstand war nun 2:2. Ein Wiederholungsspiel war nötig, das der HSV in Brüssel mit 0:1 verlor.

Uwe Seeler bei einem Flugkopfball. In der ersten Bundesliga-saison 1963/64 wurde er mit 30 Treffern Torschützenkönig.

1964: „Uns Uwe" wird Bundesliga-Torschützenkönig

Der Start in die neu eingeführte Bundesliga verlief für die Seeler-Elf nicht schlecht. Das erste Bundesligator für den HSV schoss Charly Dörfel gegen Preußen Münster zum 1:1-Ausgleich am ersten Spieltag. Am 4. Spieltag und dann noch einmal am 9. und 10. Spieltag war der HSV sogar Tabellenführer. Am Ende musste er sich aber mit Platz 6 begnügen. Nur Uwe Seeler war eine Klasse für sich. Mit 30 Treffern in 30 Spielen war er der erste Torschützenkönig der neuen Liga.

Leider war es das letzte Mal, dass „Uns Uwe", wie er von den Fans genannt wurde, in einer Saison so viele Tore gelangen. Zwar war er bis zu seinem Abschied 1972 fast immer der beste Torschütze des HSV, aber Bester der Liga sollte er nie mehr werden. Während Bayern München sich daran machte, die Liga zu beherrschen, reichte es für die „Rothosen" bis Mitte der 1970er Jahre nur zu Plätzen in der mittleren Tabellenregion. Zeitweise wurden sie sogar von alten Rivalen überholt, die sie in der Oberliga immer so klar beherrscht hatten. 1965 gewann Werder Bremen die Meisterschaft, zwei Jahre später sicherte sich Eintracht Braunschweig den Titel. So blieb der Meistertitel von 1960 der einzige in der Zeit des famosen Uwe Seeler.

1968: Im Europapokal-Finale der Pokalsieger

1964 war der HSV im Europapokal der Pokalsieger im Viertelfinale an dem französischen Klub Olympique Lyon gescheitert. Eine neuerliche Chance bot sich 1967/68. Der HSV hatte zwar im DFB-Pokalfinale 1966/67 gegen den FC Bayern München klar mit 0:4 verloren. Da die Münchner aber auch den Europapokal der Pokalsieger gewonnen hatten, waren sie als Titelverteidiger für

Der Jugendmanager Gerhard Heid, ein heute fast vergessener Talentsucher, verpflichtete zahlreiche Nachwuchsspieler, die beim HSV eine große Karriere machen sollten: Torwart Rudi Kargus, die Verteidiger Manfred Kaltz und Peter Hidien oder den Mittelfeldspieler Caspar Memering. Es wären sicher noch viel mehr geworden, wenn Heid nicht 1972, nach nur zweijähriger Tätigkeit, im Alter von erst 36 Jahren plötzlich verstorben wäre.

Plakat für das Europapokal-Finale Hamburger SV – AC Mailand.

Oben: Programmheft zum Abschiedsspiel von Uwe Seeler.
Unten: „Uns Uwe" Seeler wurde zu seinem Abschied von den Fans auf Schultern getragen.

den Wettbewerb qualifiziert und der HSV durfte als Pokalfinalist ebenfalls an diesem internationalen Wettbewerb teilnehmen. Diesmal schlug er im Viertelfinale Olympique Lyon in drei Spielen (2:0, 0:2, 2:0) und bezwang im Halbfinale Cardiff City aus Wales (1:1, 3:2). Erst im Finale fand der HSV im italienischen Spitzenklub AC Mailand seinen Meister und verlor mit 0:2.

1972: Abschied von Uwe Seeler

Die Saison 1971/72 war die letzte Saison von Uwe Seeler im HSV-Trikot. Am 1. Mai 1972 fand das Abschiedsspiel gegen eine Weltauswahl vor 62.000 Zuschauern im ausverkauften Volksparkstadion statt. Mit Jürgen Kurbjuhn und Gert Dörfel verabschiedeten sich weitere Spieler, die im Trikot mit der Raute zu Helden geworden waren. Das konnte nicht ohne Folgen bleiben. 1972/73 stiegen die Hanseaten beinahe ab. Platz 14 war die schlechteste Platzierung des HSV in der Bundesliga. Nun beendete auch noch der Abwehrrecke Willi Schulz seine Karriere. Immerhin: Ein Neubeginn war bereits eingeleitet. Im Kader des HSV standen viele junge Talente, die ihre besten Jahre noch vor sich hatten.

Die schönsten Sprüche

„Kubbi, die Aschenbahn gehört zum Feld!"
Anweisung von Jupp Posipal an Jürgen Kurbjuhn, seinen Gegner auch noch am Spielfeldrand zu beackern

„Wenn ich nicht will, lauf ich im Spiel nicht mehr als einen Kilometer; und da ist der Weg von und zu der Kabine schon drin."
Jürgen Kurbjuhn

DIE BESTEN HSVer

DIE STARS DER 1950ER UND 1960ER JAHRE

Ein Ungarn-Deutscher aus Rumänien, **Josef Posipal**, war beim HSV ein fairer und einsatzfreudiger Verteidiger und Kapitän. Der „Jupp" stand 1954 im WM-Finale, das Deutschland mit 3:2 gewann. Bei der WM dabei war auch der HSV-Verteidiger **Fritz Laband**. Allerdings kam er im Finale nicht zum Einsatz. Sowohl Posipal als auch Laband waren damals in ganz Deutschland berühmt, errangen aber mit dem HSV nie einen Titel. Ohne Titel blieb auch der Stürmer **Herbert Wojtkowiak** aus Hammerbrook, der 1950/51 in 37 Spielen der Oberliga Nord 43 (!) Tore schoss. Der dürre Ballartist und Mittelfeld-Dirigent **Heinz Spundflasche** wurde ebenfalls nie Deutscher Meister. Aber „Spundbuddel" freute sich sehr, als er 1951 bei einer Umfrage zum beliebtesten Hamburger Sportler gewählt wurde.

Klaus Stürmer

Die ersten Titel für den HSV in der Nachkriegszeit holten andere. Einer von ihnen war der langjährige Stammtorwart **Horst Schnoor**. Der gebürtige Hamburger wurde 1952 als 18-Jähriger erstmals in der 1. Mannschaft eingesetzt und blieb die unumstrittene Nummer 1 bis zu seinem Abschied im Jahr 1967.

Der Linksverteidiger **Franz Klepacz** war in den 1950er Jahren Stammspieler, verpasste das Meisterschaftsfinale von 1960 aber verletzungsbedingt. Für ihn spielte der kampfstarke Rotschopf **Erwin Piechowiak** aus Georgswerder. Schon lange vor der Bundesliga gehörte **Gerd Krug** zum Stamm des HSV. Der Student war eigentlich lieber Stürmer, musste aber in der Abwehr ran. Der nicht sehr lauffreudige **Jürgen Kurbjuhn** aus Buxtehude galt als netter Mann. Auf dem Platz war der kämpferische Abwehrrecke aber gnadenlos.

Wie für Kurbjuhn galt auch für den umsichtigen Abwehrchef **Jochen Meinke**: „Einmal HSV, immer HSV". Er war Oberliga-Rekordspieler des HSV (359 Spiele) und Mannschaftskapitän des Deutschen Meisters von 1960. Für die Bundesliga war er dann aber zu alt. Der großgewachsene **Jürgen Werner**

Heinz Spundflasche

Jürgen Kurbjuhn

Gerd Krug

Jochen Meinke

Willi Giesemann

überzeugte als zweikampfstarker und gewitzter Außenläufer. Als harter Knochen galt der Mittelfeldspieler **Willi Giesemann**. Einmal waren seine Knochen aber nicht hart genug: 1965 foulte ihn bei einem Länderspiel in Brasilien der große Pelé – und brach ihm das Schienbein.

Rechtsaußen war die Position des gebürtigen Berliners **Klaus Neisner**. Manchmal etwas lauffaul war der Halbstürmer **Horst Dehn** aus Blankenese. Er hatte jedoch einige geniale Tricks drauf. Ein glänzender Techniker war auch sein Nachfolger **Peter Wulf**, der wegen seiner Größe immer etwas langsam wirkte.

Auf Halblinks stürmte von 1953 bis 1961 der gutaussehende Blondschopf **Klaus Stürmer**. Schon als 19-Jähriger harmonierte er beim HSV so gut mit dem erst 17-jährigen Uwe Seeler, dass die Presse bald von den „Zwillingen" sprach. Die zwei spielten auch gemeinsam in der Nationalmannschaft. Eine große Karriere machte dort aber dann nur „Uns Uwe".

Horst Schnoor

Jupp Posipal (rechts) gibt alles im DFB-Pokalfinale 1956 gegen den KSC.

Spieler mit Nebenjobs
Seit der Saison 1949/50 durften deutsche Fußballspieler bezahlt werden. Viel war es aber nicht, und so mussten die Spieler etwas hinzuverdienen. Uwe Seeler war bei einer Spedition angestellt, Jochen Meinke arbeitete an einer Tankstelle, Charly Dörfel bei der Holsten-Brauerei. Bei der Lebensmittel-Fabrik Maizena garantierte der dortige Direktor, HSV-Präsident Karl Mechlen, bei guter Bezahlung eine besonders lockere Beschäftigung. Ein Sponsor des HSV war auch Albert Götz vom Betten-Holm, wo Dieter Seeler und Jupp Posipal angestellt waren.

DIE BESTEN HSVer

DIE DÖRFELS, DIE SEELERS UND EIN SCHULZ

Es kommt nicht allzu oft vor, dass ein toller Fußballer ebenso fußballbegabte Söhne hervorbringt. Beim HSV war das gleich zweimal der Fall. Die Söhne von Friedo Dörfel – Bernd und Gert – sowie die von Erwin Seeler – Dieter und Uwe – gehörten wie ihre Väter zu den Großen der HSV-Geschichte.

Der Linksaußen **Gert Dörfel** wurde als pfeilschneller und wendiger Flankengott zu einem Liebling der Fans. Die Zuschauer bejubelten Gert aber auch wegen seiner Späße, die ihm den Spitznamen „Charly" einbrachten – nach Charly Brown, dem Clown. Mal sang er während des Spiels, mal hielt er einen Plausch mit seinen Fans oder er verteilte Drops. Eher zurückhaltend und ernst trat dagegen sein jüngerer Bruder **Bernd Dörfel** auf. Aber auch er begeisterte die Fans auf Rechtsaußen mit seinen Finten und Sturmläufen. Der Blondschopf **Dieter Seeler**, der ältere Bruder von Uwe, begann als Stürmer in der Jugend beim HSV. In der Oberliga-Mannschaft des HSV war „Didi" lange Kapitän und überzeugte als bissiger Spieler im defensiven Mittelfeld.

Der größte Spieler, den der HSV je hervorgebracht hat, ist aber zweifellos **Uwe Seeler**. Fast zwei Jahrzehnte lang prägte er das Spiel der Hamburger. Als 9-Jähriger begann er 1946 in der HSV-Jugend, und schon als 17-Jähriger startete der kleine, stämmige und enorm sprungkräftige Angreifer in der 1. Mannschaft seine sagenhafte Karriere. In der Oberliga Nord erzielte er als Mittelstürmer bis 1963 in 237 Spielen 266 (!) Tore. Siebenmal wurde er Liga-Torschützenkönig, davon viermal auch Deutschlands Torjäger Nummer 1. Er spielte bis 1972 neun Jahre in der Bundesliga, wo er auf 239 Einsätze und 137 Tore kam. Im Europa-

Fußballerfamilie: Vater Friedo Dörfel (Mitte) mit seinen Söhnen Gert (links) und Bernd.

pokal traf er in 29 Spielen 21-mal. International berühmt aber wurde er erst im Trikot der Nationalmannschaft als Teilnehmer an vier Weltmeisterschaften. Seeler schoss nicht nur viele Tore, er schoss auch oft besonders schöne: mit Spannstoß, Seitfall- oder Fallrückzieher und sehr oft mit wuchtigem Kopfball. Manchmal setzte er sogar den Hinterkopf ein. „Uns Uwe" überzeugte aber nicht nur als erfolgreichster Torschütze des HSV, sondern auch mit Kampfgeist und vorbildlicher Fairness. Dreimal – 1960, 1964 und 1970 – wurde er zu Deutschlands Fußballer des Jahres gewählt.

Für den größten Hamburger Fußballspieler gibt es bis heute nur eine Liebe: den HSV. Millionen-Angebote aus dem Ausland lehnte er stets ab. Nach seiner Karriere kickte er noch lange in der Uwe-Seeler-Traditionself, und für einige Zeit (1995 bis 1998) war er auch Präsident des HSV. Er ist Ehrenbürger von Hamburg, Träger des Bundesverdienstkreuzes und Ehrenspielführer der Nationalmannschaft.

Ein Idol des HSV war auch **Willi Schulz**. Der Abwehrspieler mit den krummen Beinen kam 1965 vom FC Schalke 04 zum HSV und entwickelte sich zu einem der besten Vorstopper der Welt. Als einziger HSV-Spieler neben Uwe Seeler hatte er in den 1960er Jahren einen Stammplatz in der Nationalmannschaft. Er war eisenhart und grätschte unerbittlich, blieb dabei aber immer fair. Leider gewann er nie einen Titel.

Die schönsten Sprüche

„Wer im Kleinen groß geworden ist, für den kann Geld nie zu wichtig werden."
Begründung von Uwe Seeler, warum er alle Millionen-Angebote aus dem Ausland ablehnte

„Uwe, mehr als ein Steak kannst du am Tag auch nicht essen."
Vater Erwin zu Uwe Seeler

„Dicker, die nächste Flanke schieße ich drei Zentimeter höher, dann renkst du dir den Hals aus."
Charly Dörfel zu Uwe Seeler, als sich dieser einmal über zu wenig Flanken beschwerte

„Er war mein Angstgegner, unerbittlich hart und entschlossen."
Der brasilianische Weltstar Pelé über seinen Gegenspieler Willi Schulz

Geschwisterliebe: Dieter Seeler trägt Burder Uwe huckepack.

Willi Schulz, eisenharter HSV-Verteidiger, legt erschöpft eine Pause ein.

DIE GOLDENEN JAHRE

Der HSV 1973 – 1987

Deutscher Meister 1979, 1982, 1983

Deutscher Pokalsieger 1976, 1987

Gewinner Europapokal der Pokalsieger 1977

Gewinner Europapokal der Landesmeister 1983

HSV

„Ritter Kuno“
Trainer Kuno Klötzer beendete mit dem Europacup-Sieg von 1977 seine vierjährige Amtszeit beim HSV. In Erinnerung geblieben ist er als „Ritter Kuno“. Der Spitzname war bei einem Auswärtsspiel entstanden. In dem Hotel, wo der HSV übernachtete, gab es eine Ritterrüstung. Klötzer präsentierte sich der Presse in der Rüstung – und der „Ritter Kuno“ war geboren.

Doktor Krohn und „Ritter Kuno“

Im November 1973 wurde Dr. Peter Krohn Präsident des HSV, und plötzlich wurde alles anders. Es gab Werbung auf den Trikots, es gab Showtraining und allerlei Fanaktionen mit Musik, Freibier und Luftballons. Und plötzlich gab es auch jede Menge Geld, um neue Stars wie Reimann, Blankenburg oder Ettmayer zu verpflichten. Der forsche Krohn bildete zusammen mit dem freundlichen und gemütlichen Trainer Kuno Klötzer ein ungleiches Führungsduo. Doch offensichtlich funktionierte die Kombination. 1973/74 stand der HSV im Finale des DFB-Pokals und verlor gegen Eintracht Frankfurt erst in der Verlängerung mit 1:3. 1975/76 erreichte der HSV als Vizemeister seine bis dahin beste Platzierung in der Bundesliga und verpasste nur knapp das Finale des UEFA-Cups. Der HSV, so schien es, war allmählich wieder reif für einen Titel.

Die Pokalsieger von 1976:

*62. Sperlich

1976: Pokalsieg in teuflischer Hitze

Am 4. Mai 1976 kam der FC Bayern München als Halbfinalgegner im DFB-Pokal nach Hamburg. Nachdem es nach 90 Minuten 1:1 gestanden hatte, gab es Verlängerung. Zunächst erzielte Bayern-Star Franz Beckenbauer das 2:1. Erst in der 115. Minute konnte HSV-Libero Peter Nogly zum 2:2 ausgleichen.
Auch beim Wiederholungsspiel in München wurde es spannend. In der 83. Minute hielt Rudi Kargus einen Elfmeter von Gerd Müller, in der letzten Minute traf Kurt Eigl nach einer Flanke von Georg Volkert zum 1:0-Endstand für den HSV. Das Pokalfinale vor 61.000 Zuschauern in Frankfurt gegen die „Roten Teufel“ vom 1. FC Kaiserslautern war

DFB-Pokalfinale 1976: Die HSV-Ersatzbank schützt sich mit Sonnenhüten vor der schlimmen Hitze.

dann fast nur noch Formsache. Schlimmster Gegner war die enorme Hitze. Nogly und Ole Bjørnmose stellten bereits in der ersten Spielhälfte den 2:0-Sieg des HSV sicher.

1977: Triumph im Europapokal der Pokalsieger

Im nächsten Jahr errang der HSV im Europapokal der Pokalsieger seinen bis dahin größten Erfolg. Überragend verlief das Halbfinale gegen Atlético Madrid. In Spanien hatten die Mannen um den neu verpflichteten Spielmacher Felix Magath mit 1:3 verloren. Dann aber machten sie im Rückspiel blitzartig alles klar: Zwischen der 19. und 28. Minute erzielte der HSV drei Tore, die den Einzug ins Endspiel bedeuteten.
Am 11. Mai 1977 schlugen die Hamburger in Amsterdam vor 53.000 Zuschauern den belgischen Klub RSC Anderlecht mit 2:0. 20.000 mitgereiste HSV-Fans erlebten ein zähes Spiel. In der 80. Minute verwandelte Volkert eiskalt einen Foulelfmeter. Kurz vor dem Abpfiff schloss Magath einen Konter mit dem 2:0 ab. Der HSV hatte seinen ersten europäischen Titel gewonnen!

Die Europapokalsieger von 1977:

Europapokalfinale 1977: HSV-Kapitän Peter Nogly bei der Platzwahl.

Günter Netzer (rechts), ab 1978 Manager beim HSV, holte 1980 Altstar Franz Beckenbauer zum HSV.

Ein „Kaiser" in Hamburg

Im Oktober 1980 gab es große Aufregung in Hamburg: Franz Beckenbauer kommt! Der bereits 35 Jahre alte ehemalige Bayern-Star hatte zuvor drei Jahre mit anderen Altstars bei Cosmos New York gekickt. „Kaiser Franz, hol' die Bayern vom Thron!", forderten die Fans. Aber der ehemalige Fußball-Kaiser hatte schon müde Knochen und blieb weit entfernt von seiner früheren Klasse.

1977: Eine „Zaubermaus" beim HSV

Die Verpflichtung des englischen Weltstars Kevin Keegan war die Riesensensation im Sommer 1977. Die kleine „Zaubermaus" des FC Liverpool kostete 1,1 Mio. Euro und war damit der bis dahin teuerste Transfer der Bundesliga. Der neue HSV-Trainer hieß Rudi Gutendorf. Der HSV plante Großes, blieb aber weit hinter den Erwartungen zurück. Ende Oktober 1977 war Gutendorf schon wieder weg und durch seinen Assistenten Arkoc Özcan ersetzt. Die Bilanz der Saison: In der Bundesliga nur Mittelmaß, im DFB-Pokal und im Europapokal früh ausgeschieden. Und Keegan, der mit seinen Mitspielern gar nicht zurechtkam, war frustriert.

1979: Meistertitel mit Netzer und Zebec

Der Erfolg kam, als Günter Netzer Anfang 1978 Manager beim HSV wurde. Er feuerte einige Spieler, die er für die schlechte Stimmung in der Mannschaft verantwortlich machte, und holte Talente aus der 2. Liga, unter ihnen den Torjäger Horst Hrubesch. Der wichtigste Neuzugang war aber der Trainer: Branko Zebec. Der ehemalige Weltklassespieler aus Jugoslawien, der bereits den FC Bayern München zum Meistertitel geführt hatte, regierte mit strenger Hand.

Die „Zaubermaus" wirbelte nun wie aufgedreht durch die gegnerischen Abwehrreihen und schoss Tor um Tor. Keegan und Hrubesch kamen zusammen auf 30 Treffer. Hinten stand die stärkste Abwehr der Liga: Kargus im Tor, davor Kaltz, Nogly, Buljan und Hidien. Aber auch das Mittelfeld mit Magath, Hartwig, Memering und Wehmeyer ließ den Ball toll zirkulieren. Zwischen dem 22. und 32. Spieltag feierte der HSV zehn Siege. Höhepunkt war ein 6:0 gegen den Titelverteidiger Köln. Ein 0:0 in Bielefeld am 33. Spieltag machte die Meisterschaft perfekt, da der Konkurrent Stuttgart gleichzeitig zuhause 1:4 gegen Köln verlor. Endlich konnten die Fans wieder singen: „Wer wird Deutscher Meister? Ha-Ha-Ha-Ha-Es-Vau!"

Schossen den HSV zur Deutschen Meisterschaft 1979: Kevin Keegan und Horst Hrubesch.

Sensationell: Der HSV besiegt Real Madrid im Europapokal mit 5:1.

1980: Ein Superspiel gegen Real Madrid

Weiter verstärkt durch Spieler wie Hieronymus, Milewski und Jakobs führte der HSV 1979/80 lange die Tabelle an. Erst kurz vor Schluss musste er den FC Bayern vorbeiziehen lassen. Im Europapokal der Landesmeister zeigten die Hamburger ganz große Spiele und rauschten dennoch knapp am großen Triumph vorbei. Höhepunkt war das Halbfinale gegen das berühmte Real Madrid. Das Hinspiel in Spanien ging mit 0:2 verloren, aber in Hamburg drehten die „Rothosen" auf. Sie spielten wie im Rausch und schlugen die Madrilenen mit 5:1 durch Tore von Kaltz, Hrubesch (je 2) und Memering.

Das Endspiel am 28. Mai 1980 fand dann ausgerechnet in Madrid statt. Nottingham Forest war ein sehr unbequemer Gegner. In der 20. Minute gingen die Engländer mit 1:0 in Führung. Dann verteidigten sie mit Mann und Maus. Bis zum Schlusspfiff rannte der HSV unentwegt gegen das Abwehr-Bollwerk von Forest an. Doch alle Mühen blieben vergeblich.

Schreckliche Meisterfeier

Katastrophal endete am 9. Juni 1979 das mit 62.000 Zuschauern ausverkaufte letzte Heimspiel des HSV gegen Bayern München. Die 1:2-Niederlage störte nicht weiter, denn Hamburg stand ja bereits als Meister fest. Dann entstand jedoch ein furchtbares Chaos, als Hunderte von betrunkenen Fans über die Zäune kletterten, um mit ihrer Mannschaft zu feiern. 71 Menschen wurden verletzt und mussten in Krankenhäuser eingeliefert werden.

Große Freude: Jakobs, Hrubesch und Magath nach dem 5:1-Triumph gegen Madrid.

Ungewohnt: Trainer Ernst Happel auf dem Motorrad.

1982: Ein „Grantler“ macht Dampf

Wie 1980 wurde der HSV auch 1981 knapp hinter dem FC Bayern Zweiter. Während der Saison war Trainer Zebec entlassen und durch Co-Trainer Ristic ersetzt worden. Zur neuen Spielzeit präsentierte Manager Günter Netzer einen neuen Trainer, der neben vielen anderen Titeln auch schon den Europapokal gewonnen hatte: Ernst Happel. Der ehemalige Weltklasseverteidiger aus Wien schaute immer missmutig drein und sprach wenig. Er war das, was die Österreicher einen „Grantler“ nennen. Aber er ließ einen Fußball spielen, der alle begeisterte. In der Offensive immer mit Tempo und in der Defensive mit aggressivem Pressing: Wenn die HSV-Spieler den Ball einmal verloren hatten, jagten sie ihn dem Gegner gleich wieder ab, um sofort wieder einen gefährlichen Angriff zu starten.

Der HSV funktionierte in der Saison 1981/82 wie eine gut geölte Maschine und schoss Tor um Tor. Neben Hrubesch (27 Tore) waren auch Hartwig (14), Bastrup (13), Milewski (20) und Kaltz (8 Elfmetertreffer!) sehr treffsicher. Am 28. Spieltag kam es zum Höhepunkt in München. Der HSV lag

Deutscher Meister 1982: Der HSV! Hier freuen sich Lars Bastrup, Jimmy Hartwig und Ditmar Jakobs über den Titel.

beim Konkurrenten Bayern bereits mit 1:3 zurück und gewann dann noch sensationell mit 4:3. Am Ende wurde das Happel-Team Meister mit einem Torverhältnis von 94:45 sowie drei Punkten Vorsprung vor Köln und fünf vor München. Die fünfte Meisterschaft des HSV war einfach grandios!
Im UEFA-Cup schaffte es der HSV bis ins Finale! Das Hinspiel bei IFK Göteborg endete mit einer 0:1-Niederlage. Die Hoffnungen lagen damit auf dem Rückspiel im Volksparkstadion. Leider verlor der HSV erneut, und zwar überraschend deutlich mit 0:3.

1983: Seriensieger und Doppelmeister

In der neuen Saison knüpfte der HSV nahtlos an die Form des Vorjahres an und stellte einen bis heute gültigen Rekord auf: Vom 16. Januar 1982 bis zum 29. Januar 1983 blieben die Hanseaten in 36 Punktspielen in Folge unbesiegt. Mit einem 2:1-Sieg auf Schalke am letzten Spieltag machte der HSV die zweite Meisterschaft in Folge klar. Bremen hatte am Ende genauso viele Punkte, aber ein um acht Treffer schlechteres Torverhältnis. Die erfolgreichen Helden wurden auf der Moorweide in Rotherbaum von 60.000 Fans empfangen. Horst Hrubesch ergriff das Mikrofon und sang: „Kling, Glöckchen, klingelingeling, kling, Glöckchen, kling! HSV ist Meister, Werder ist nur Zweiter, Stuttgart leider Dritter – oh, wie ist das bitter!"

Die besten Sprüche von Ernst Happel

Über die Anforderungen an einen guten Mittelfeldspieler: ***„Ein guter Mittelfeldspieler hat Augen im Rücken, das ist das ganze Geheimnis."***

Über sein Verhältnis zu den Spielern: ***„Ich bin kein Freund der Spieler. Ich arbeite auf Distanz."***

Über Probleme im Verein: ***„Es sind immer die kleinen Rechthabereien, die eine große Liebe zerstören."***

Über seine Fußball-Philosophie: ***„Mir ist ein 5:4 lieber als ein 1:0!"***

Über seine Liebe zum Fußball: ***„Ein Tag ohne Fußball ist ein verlorener Tag."***

Über seinen Job als Trainer: ***„Dieser Beruf verlangt Naturbegabung. Wissenschaftlich kann man ihn nicht erlernen."***

Zu Journalisten: ***„Schreiben's, was woll'n, ist mir eh' wurscht."***

Jürgen Milewski erzielte 1982/83 14 Tore für den HSV. Hier ist er im entscheidenden Spiel bei Schalke 04 am Ball.

Eintrittskarte für das Europapokalfinale der Landesmeister.

Die Europapokalsieger von 1983:

*56. von Heesen

25. Mai 1983: Der Triumph von Athen

Die Bundesligasaison 1982/83 lief noch, da hatte der HSV im Endspiel von Athen bereits den größten Erfolg seiner Vereinsgeschichte unter Dach und Fach gebracht: den Gewinn des Europapokals der Landesmeister! Die Gegner auf dem Weg ins Finale hießen: Dynamo Berlin (aus der damaligen DDR),

Die Europapokalsieger von 1983. V.l.n.r.: Magath, Bastrup, Rolff, Jakobs, Kaltz, Hrubesch, vorne: Wehmeyer, Hieronymus, Groh, Milewski, Stein.

Olympiakos Piräus (Griechenland), Dynamo Kiew (heutige Ukraine) und Real Sociedad San Sebastián (Spanien). Alle wurden fast ohne Probleme ausgeschaltet. Nur gegen Kiew musste der HSV eine 1:2-Heimniederlage hinnehmen. Aber da hatte Lars Bastrup mit drei Treffern im Auswärtsspiel bereits für einen beruhigenden 3:0-Vorsprung gesorgt.

Im Endspiel wartete ein ganz schwerer Brocken: Juventus Turin. In den Reihen des italienischen Meisters standen zahlreiche Spieler, die im Jahr zuvor mit Italien Weltmeister geworden waren. Angeführt wurden sie vom damals größten Star überhaupt: dem französischen Mittelfeld-Genie Michel Platini. Doch der HSV ließ sich die Chance auf den europäischen Titel, der ihm drei Jahre zuvor entgangen war, nicht nehmen.

Schoss das entscheidende 1:0 im Europapokalfinale gegen Juventus Turin: Felix Magath.

Ein Superschuss von Magath

In der 8. Spielminute wurde Felix Magath am linken Strafraumeck von „Joschi" Groh angespielt. Er täuschte einen Schuss an, sein Gegenpieler Bettega lief ins Leere, dann machte er noch zwei Schritte – und zog ab. Der Schuss passte genau ins Toreck. Dino Zoff, der berühmte Keeper von Juventus, hatte keine Chance. Dieses frühe 1:0 bedeutete bereits den Endstand. Der HSV hatte keine allzu großen Torchancen mehr, ließ aber auch kaum etwas zu. Der fleißige Wolfgang Rolff schaltete Turins Spielmacher Platini aus, Joschi Groh, Felix Magath und Jürgen Milewski kontrollierten souverän das Mittelfeld. Was dann doch noch durchkam, fing die Abwehr mit Bernd Wehmeyer, Ditmar Jakobs, Holger Hieronymus und Manfred Kaltz ab. Und dann gab es ja noch den überragenden HSV-Torwart Uli Stein.

Wie sicher sich der HSV fühlte, zeigte die 56. Minute, als der Stürmer Lars Bastrup mit einem Kieferbruch ausgewechselt werden musste. Trainer Happel brachte keinen Abwehrspieler, sondern den erst 21 Jahre alten offensiven Mittelfeldspieler Thomas von Heesen. Und der HSV beherrschte das Geschehen auch nach dem Wechsel souverän. Am Ende gab es einen verdienten Sieger: den Hamburger SV.

Ehrenrunde mit dem Pokal: Ditmar Jakobs und Horst Hrubesch.

Der Wimpel vom Pokalfinale.

1984: Ein verlorenes Jahr

Zur Saison 1983/84 machte sich Manager Günter Netzer daran, die erfolgreiche HSV-Mannschaft umzukrempeln. Das Offensivduo Hrubesch/Bastrup wurde durch Dieter Schatzschneider und Wolfram Wuttke ersetzt. Der Titelverteidiger aus Hamburg spielte bis zum vorletzten Spieltag um die Meisterschaft mit, musste sich aber schließlich mit dem 2. Platz begnügen. Drei Teams – der VfB Stuttgart, Borussia Mönchengladbach und eben der HSV – waren am Ende punktgleich, aber der VfB hatte die deutlich bessere Tordifferenz.

Die Pokalsieger von 1987:

*67. Schmöller

Pokal-Jubel von Manfred Kastl nach dem erlösenden Siegtreffer.

Keinen Titel gab es auch im DFB-Pokal und im Europapokal. Die Spiele um den Weltpokal (gegen Porto Alegre aus Brasilien) und den europäischen Supercup (gegen den FC Aberdeen aus Schottland) hatten die Hamburger ebenfalls verloren. Der HSV hatte also um fünf Titel mitgespielt, aber keinen gewonnen. Trainer Happel sprach daher von einem „verlorenen Jahr“.

Plötzlich besser ohne Netzer

Nun verließen immer mehr Spieler den Verein, während Netzers Neuverpflichtungen nicht so recht überzeugen konnten. Zum Ende der Saison 1985/86, als der HSV auf Platz 7 abgerutscht war, gab Netzer schließlich auf.

Neuer Manager wurde Felix Magath, der seine Fußballerkarriere soeben beendet hatte. Mit einer ganz neuen Mannschaft startete der HSV in die Saison 1986/87. Der Innenverteidiger Dietmar Beiersdorfer, der Mittelfeldspieler Sascha Jusufi und die Torjäger Manfred Kastl und Miroslaw Okonski eroberten sich Stammplätze. Der HSV wirbelte wie lange nicht und wurde vor Bayern München Herbstmeister. In der zweiten Hälfte der Saison ließen die Kräfte etwas nach. Doch immerhin: Am Ende der Spielzeit waren die Hamburger Vizemeister hinter dem FC Bayern. Und es gab ja noch den DFB-Pokal!

1987: Ein letzter Titel für Happel

Solingen, Augsburg, St. Pauli, Darmstadt und Mönchengladbach hießen die Gegner auf dem Weg ins DFB-Pokalfinale im Olympiastadion von Berlin. Dort erwartete den HSV mit den Stuttgarter Kickers ein Verein aus der 2. Liga. Der Bundesligist war natürlich klarer Favorit. Trainer Happel drohte seinen Spielern scherzhaft, sie gehörten erschossen, wenn sie das Spiel verlieren würden. Doch nach dem Anpfiff rieben sich die 20.000 mitgereisten HSV-Fans verwundert die Augen. Die Zweitligaprofis legten munter los und gingen in der 12. Minute in Führung. Beiersdorfer glich zwar wenig später aus, aber das Spiel des Favoriten wurde auch jetzt nicht besser. Auf den Rängen tobten enttäuschte HSV-Fans und warfen mit Flaschen, Stöcken und Rauchbomben. Ein Abbruch des Spiels drohte. In der 88. Minute sorgte Manfred Kaltz mit einem Freistoß-Treffer endlich für die Erlösung. Als die Stuttgarter kurz darauf noch ein Eigentor produzierten, war das Spiel entschieden und der HSV DFB-Pokalsieger. Es war das letzte Spiel für Ernst Happel, der sich nach diesem Erfolg aus Hamburg verabschiedete.

Pokalpleite
Der SC Geislingen ist kein berühmter Klub. Aber ältere Hamburger kennen ihn. Der Verein aus der Amateur-Oberliga Württemberg schlug den HSV am 1. September 1984 in der ersten Runde des DFB-Pokals mit 2:0.

Programmheft zum Pokalfinale.

Her mit dem Pokal! Stein, Jakobs und Kaltz mit der Trophäe.

DIE BESTEN HSVer
DIE STARS VON 1973 BIS 1987 (1)

Der Verteidiger **Manfred Kaltz** – und nicht etwa Uwe Seeler – ist der erfolgreichste HSV-Spieler aller Zeiten. Der schweigsame „Manni" aus der Pfalz war ab 1971 über 19 Jahre hinweg unverzichtbar und ist mit 744 Pflichtspielen der Rekordspieler des HSV. Bis heute gilt der Mann, der bei jeder sich bietenden Gelegenheit nach vorne stürmte, als einer der besten Rechtsverteidiger aller Zeiten. Berühmt ist er vor allem als Erfinder der „Bananenflanke", die dann Horst Hrubesch mit dem Kopf verwandelte. Manni war aber auch selbst torgefährlich, vor allem vom Elfmeterpunkt (53 Treffer).

Die Mutter kam aus Ostpreußen, der Vater aus Puerto Rico, aufgewachsen ist er im fränkischen Aschaffenburg, seine Karriere als Fußballer begann in Saarbrücken. So lauten wichtige Lebensdaten von **Felix Magath**. Seine größte Zeit als Profi hatte er beim HSV, für den er ab 1976 neun Jahre spielte. Als klassischer Spielmacher zog er im Mittelfeld geschickt die Fäden, erzielte mit seinem starken linken Fuß aber auch tolle Tore. Nach dem Ende seiner aktiven Laufbahn versuchte er sich zunächst als Manager. Danach startete der begeisterte Schachspieler eine erfolgreiche Karriere als Trainer.

In Liverpool stieg **Kevin Keegan** zum Superstar auf. Als der kleine Mittelfeld-Wirbler (1,69 Meter) 1977 nach Hamburg wechselte, war das eine große Sensation. Zwar benötigte der Kämpfer und Ballkünstler dort etwas Anlaufzeit. Dann aber hatte er einen mächtigen Anteil am Aufstieg des HSV zu einer europäischen Spitzenmannschaft. 1979 wurde der HSV mit 17 Keegan-Treffern erstmals seit 19 Jahren wieder Deutscher Meister. 1978 und 1979 wurde der Engländer als HSV-Profi zu Europas Fußballer des Jahres gewählt. Keegan war zudem als Popsänger erfolgreich. Sein bekanntestes Lied „Head over Heels in Love" (Hals über Kopf verliebt) spielte er mit der Gruppe Smokie ein. In Hamburg waren viele Eltern so begeistert, dass sie ihr Kind auf den Namen „Kevin" tauften.

Horst Hrubesch, ein Dachdecker aus dem Ruhrgebiet, kam 1978 vom Zweitligisten Rot-Weiss Essen. Im Trikot des HSV entwickelte er sich zu einem der besten Mittelstürmer Deutschlands

Kopfball-Ungeheuer Horst Hrubesch.

Uli Stein

Felix Magath

Ditmar Jakobs

Kevin Keegan

überhaupt. Wegen der vielen Tore, die er mit dem Kopf ins Netz wuchtete, erhielt er den Spitznamen „Kopfball-Ungeheuer". Meist war Manni Kaltz der Vorlagengeber. Wie Kaltz wurde Hrubesch 1980 Europameister. Später gewann der begeisterte Hobbyangler als Trainer von DFB-Juniorenteams noch zweimal einen EM-Titel.

Der langjährige Kapitän **Ditmar Jakobs** war ein Abwehrspieler und Kämpfer der Sonderklasse. Im Zweikampf, vor allem im Kopfball-Duell, zeigte er sich unüberwindlich. Seine Karriere endete nach zehn HSV-Jahren bitter. Im September 1989, in seinem 405. Einsatz für den HSV, fiel er im Spiel gegen Werder Bremen auf einen Haken des Tornetzes, der sich in seinen Rücken bohrte. Unter den Folgen des Unfalls leidet er bis heute.

Obwohl in Hamburg geboren, begann **Uli Stein** seine Karriere in Bielefeld. Nach seiner Rückkehr in die Hansestadt im Jahr 1980 entwickelte er sich zu einem Weltklasse-Torhüter. In die Ecken fliegen musste er nur selten, denn seine größten Stärken waren das Stellungsspiel auf der Linie und die Strafraumbeherrschung. Leider blieb er selbst nicht immer beherrscht. Er legte sich oft mit dem Schiedsrichter an und rastete manchmal aus. Im Spiel um den DFB-Supercup im Sommer 1987 schlug er nach einem Gegentor dem Bayern-Stürmer Jürgen Wegmann mit der Faust an den Kopf. Er wurde vom Platz gestellt und anschließend vom HSV entlassen.

Berühmt für seine Bananenflanken: Manfred Kaltz.

DIE BESTEN HSVer
DIE STARS VON 1973 BIS 1987 (2)

Rudolf Kargus stand als Vorgänger von Uli Stein von 1971 bis 1980 zwischen den Pfosten. Er war unheimlich reaktionsschnell und hielt in seiner Karriere, die ihn auch noch zu einigen anderen Vereinen führte, nicht weniger als 24 Strafstöße. Damit ist er bis heute der beste Elfmeterkiller der Bundesliga. Inzwischen hat er sich auch als Kunstmaler einen Namen gemacht.
Peter Nogly lief elf Jahre lang als schier unüberwindbarer Abwehrrecke für den HSV auf und war lange Zeit Kapitän. Seine Freunde nannten den gelernten Maschinenschlosser „Eiche", der HSV-Fanklub „Die Eichen" ist nach ihm benannt. Der „schwarze Peter", wie **Peter Hidien** wegen seiner dunklen Haare genannt wurde, spielte zehn Jahre für den HSV.

Elegant: Thomas von Heesen.

Als geschmeidiger Verteidiger trug er seinen Teil zu den großen HSV-Erfolgen bei. Der Abwehrchef **Holger Hieronymus** hatte eine riesige Karriere vor sich – leider musste er sie wegen einer Knieverletzung viel zu früh beenden. **Bernd Wehmeyer** war ein wuseliger Abwehrspieler erster Klasse. Der Innenverteidiger **Dietmar „Didi" Beiersdorfer** überzeugte mit starkem Kopfball- und Stellungsspiel.
Der Mittelfeldspieler **Klaus Zaczyk** brachte es in seinen neun HSV-Jahren auf beachtliche 70 Treffer. **Caspar Memering** kam als Jugendlicher von Werder Bremen zum HSV. Der Mittelfeldspieler begeisterte mit nie nachlassendem Einsatz und feiner Technik. Seine konstanten Leistungen brachten „Cappi" drei Länderspiele ein. **William Hartwig**, der Sohn eines afroamerikanischen Soldaten, war ein Publikumsliebling in Hamburg. Der Mittelfeldspieler war auf dem Platz ein harter Knochen, ansonsten aber immer lustig. „Jimmy" machte sich auch als Schlagersänger einen Namen („Mama Calypso"). Nach seiner Karriere betätigte er sich auch als Schauspieler.
Thomas von Heesen kam 1980 als 18-Jähriger zum HSV. Der elegante und intelligente Mittelfeldspieler mit der tollen Technik tat sich zunächst schwer, prägte dann aber für 14 Jahre das Spiel des HSV. Lange Zeit war er auch Kapitän. In der Bundesliga brachte es „Tommy" auf stattliche 99 Treffer. Eine

Jimmy Hartwig

Georg Volkert

Caspar Memering

Ole Bjørnmose

Berufung in die A-Nationalmannschaft erhielt er leider trotz aller Klasse nie. Der Postbeamte **Jürgen Groh** spulte wie ein Marathonläufer die Kilometer ab, als bekäme er dafür Extrageld. Der Mittelfeldmotor **Wolfgang Rolff** war eine wichtige „Rückendeckung" von Spielmacher Felix Magath. Technisch klasse, immer diszipliniert und piffig im Spielaufbau war der in Belgrad geborene Allrounder **Sascha Jusufi**.

Der schussstarke Flügelflitzer **Georg Volkert** hatte schon eine große Karriere hinter sich, als er 1971 beim HSV anfing. An der Waterkant fühlte sich der säbelbeinige Franke pudelwohl. Enorm trickreich und immer etwas verspielt, narrte er mit seinen tollen Dribblings die Gegenspieler und verzückte die Fans. Und auch als Torjäger konnte er überzeugen: 81-mal traf er ins Netz des Gegners. **Willi Reimann** wurde als Nachfolger Uwe Seelers zum HSV geholt und von den Fans mit „Williie"-Rufen angefeuert. Der Däne **Ole Bjørnmose**, kampfstark und ballsicher, begeisterte die Fans mit seinem unermüdlichen Einsatz. Klein, quirlig und schlitzohrig war **Jürgen Milewski**, der 59 Tore für den HSV schoss.

Die schönsten Sprüche

„Mit solchen Beinen muss einer Weltmeister werden, früher oder später."
Der Sportjournalist Ulfert Schröder über die Säbelbeine von Georg Volkert

„Er läuft wie eine Nähmaschine, sein Instinkt ist hervorragend, und frech ist er auch."
Ernst Happel über Jürgen Milewski

„Wir wollen ja auch Meister werden, wir wissen nur noch nicht, in welchem Jahrhundert."
Thomas von Heesen, irgendwann nach 1983

Torwart Rudi Kargus.

Langjähriger Kapitän des HSV: Peter Nogly.

DER DINO DER LIGA

Der HSV von 1988 bis heute

Deutscher Ligapokalsieger 2003

UI-Cup-Sieger 2006, 2008

Fly
Emirates

Zuschauertief und Abstiegskampf

Nach dem Pokalsieg 1987 wurde der Jugoslawe Josip Skoblar neuer Trainer. Wegen Erfolglosigkeit war er aber nach nur 15 Spieltagen schon wieder entlassen. Sein Nachfolger wurde der Ex-HSV-Spieler Willi Reimann. Mit Torwart Richard Golz, dem Mittelfeldtrio Uwe Bein, Thomas von Heesen und Harald Spörl sowie Stürmer Jan Furtok spielte der HSV in der Bundesliga oben mit. 1988 wurde man Sechster, 1989 sogar Vierter. Die Fans allerdings machten sich nicht mehr viel aus dem HSV. Der Zuschauerschnitt sank 1988/89 auf unter 15.000. Das waren so wenige wie noch nie. Seltsamerweise kamen in der nächsten Saison wieder etwas mehr Zuschauer, obwohl der HSV zwischendurch sogar in Abstiegsgefahr geriet und Trainer Willi Reimann entließ.

Der neue Trainer Gerd-Volker Schock sicherte den Klassenerhalt, konnte aber das Ausscheiden im Viertelfinale des UEFA-Cups nicht verhindern. Dann ging es wieder aufwärts. Mit dem treffsicheren Jan Furtok (20 Tore) sowie dem stürmenden Wirbelwind Thomas Doll zeigte der HSV in der Saison 1990/91 zeitweise sehr schönen Fußball und landete am Ende auf Platz 5.

Ivan, der Schreckliche
Der Litauer Valdas Ivanauskas sollte in der Saison 1993/94 den polnischen Torjäger Jan Furtok ersetzen. Er kämpfte wie ein Löwe und machte wilde Grimassen. Wegen seiner hitzigen, aufbrausenden Art wurde er „Ivan, der Schreckliche" genannt. Vor dem gegnerischen Tor war er aber nur halb so schrecklich. Er traf in den ersten beiden Spielen dreimal, dann folgten bis zum Saisonende nur noch zwei weitere Treffer.

Leere Ränge: Manni Kaltz in einem Heimspiel gegen Borussia Dortmund im Mai 1988.

Thomas Doll verabschiedet sich nach nur einer Saison im HSV-Trikot und wechselt zu Lazio Rom.

1995: Nur Platz 13

Im Sommer 1991 wechselte der Publikumsliebling Doll nach nur einem HSV-Jahr für 8,5 Mio. Euro zu Lazio Rom. Das war die bis dahin höchste Ablösesumme in der Geschichte des deutschen Fußballs. Sie rettete den HSV aus seiner finanziellen Krise. Sportlich aber gelang nicht mehr viel. Die Saison 1991/92 endete mit Platz 12 und einem historischen Tiefstand von nur 32 erzielten Treffern. Trainer Schock übernahm die Verantwortung und ging. Sein Nachfolger Egon Coordes wurde bald von Benno Möhlmann abgelöst. Er blieb länger, allerdings konnte er die Mannschaft nicht nach oben führen. Auf Platz 11 (1992/93) folgten Platz 12 (1993/94) und schließlich Platz 13 (1994/95). Mit Karsten Bäron, Yordan Letchkov und Jörg Albertz standen in Hamburg zwar durchaus talentierte (und teure) Profis unter Vertrag. Die Gesamtleistung des Teams ließ aber sehr zu wünschen übrig.

1997: Der Retter „Horst-Uwe“

Unter Möhlmann-Nachfolger Felix Magath eroberten die Hanseaten 1996 Rang 5 und damit erstmals seit Jahren wieder einen Startplatz im UEFA-Pokal. Besonders treffsicher waren die Mittelfeldspieler Spörl und Albertz, die zusammen 23 der 52 HSV-Tore erzielten. In der Spielzeit 1996/97 erreichte das Magath-Team das Achtelfinale im UEFA-Pokal und das Halbfinale im DFB-Pokal. In der Liga hingegen geriet der HSV erneut in Abstiegsgefahr. Am vorletzten Spieltag setzte Aushilfstrainer Ralf Schehr, der anstelle des bereits entlassenen Magath die Verantwortung übernommen hatte, gegen Dortmund den Amateur Dirk Weetendorf ein. Mit zwei Kopfballtoren sorgte er für ein 2:1. Der HSV war gerettet, und die Fans tauften Weetendorf in Erinnerung an die beiden Kopfball-Helden Hrubesch und Seeler auf den Namen „Horst-Uwe“. Weetendorf sollte aber im HSV-Trikot nur noch einen weiteren Treffer erzielen und war schon bald wieder vergessen.

Held im Abstiegskampf: Dirk Weetendorf nach seinen zwei Toren gegen Borussia Dortmund, die dem HSV den Klassenerhalt sicherten.

Sicherer Elfmeterschütze: Torwart Jörg Butt trifft gegen den Dortmunder Kollegen Jens Lehmann.

Der letzte Dino der Bundesliga
Mit dem 1. FC Köln stieg 1998 der letzte Klub neben dem HSV ab, der seit dem Gründungsjahr 1963 der Bundesliga angehörte. Seitdem ist der HSV der letzte Überlebende – eben „der letzte Dino der Liga".

1999: Neue Hoffnung im neuen Stadion

Zur Saison 1997/98 verpflichtete der HSV mit Frank Pagelsdorf einen neuen Trainer und 17 (!) neue Spieler. Dennoch landete der Traditionsverein nur auf dem 9. Platz. In der nächsten Saison, während der das alte Volksparkstadion bei laufendem Fußballbetrieb umgebaut wurde, verbesserte man sich immerhin auf den 7. Platz. Nico-Jan Hoogma überzeugte als Abwehrorganisator, Martin Groth als Mittelfeld-Rackerer und Anthony Yeboah als treffsicherer Stürmer (14 Tore).

Am 21. August 1999 wurde die neue Arena eröffnet. Die Stimmung bei den Heimspielen des HSV war nun deutlich besser, viele Hamburger Fans träumten bald von einer rosigen Zukunft. Und tatsächlich legte die Mannschaft eine sehr gute Saison hin. Der Außenbahn-Flitzer Mehdi Mahdavikia wurde zum Liebling der Fans. Im Mittelfeld erwies sich Rodolfo Cardoso als eleganter Dirigent. Die besten Torjäger waren mit jeweils neun Treffern der „Jungstürmer" Roy Präger, der „Altstürmer" Anthony Yeboah sowie Torwart (!) Jörg Butt als Elfmeterkönig. Am Ende durften sich alle über einen 3. Platz freuen. Auch die Zuschauerzahlen sorgten bei der Vereinsführung für fröhliche Gesichter. Erstmals wurde die Marke von im Schnitt 40.000 Besuchern pro Spiel übertroffen.

Das wär's fast gewesen: Niko Kovac nach seinem Tor gegen Juventus Turin.

Endlich wieder mal ein Titel, wenn auch nur ein kleiner: Nico-Jan Hoogma mit dem Ligapokal 2003.

2001: Champions League und Seuchenjahr

Im Sommer 2000 qualifizierte sich der HSV für die Champions League und traf dort in seiner Gruppe gleich auf einen altbekannten Gegner: Juventus Turin. Das Hinspiel in Hamburg riss alle von den Sitzen. „Juve" ging in Führung, Hamburgs Torjäger Yeboah glich aus. Dann drehten die italienischen Stars auf, und der HSV lag mit 1:3 hinten. Aber Trainer Pagelsdorf trieb seine Männer nach vorne. Mahdavikia, wieder einmal Butt per Elfmeter und Kovac sorgten für ein 4:3, bevor Juve per Elfmeter der Ausgleich zum 4:4 gelang. Die Ernüchterung folgte leider wenig später. Der HSV wurde in seiner Gruppe nur Dritter und war damit aus der Champions League ausgeschieden. Und in der Bundesliga folgte der Absturz auf Platz 13.

Dieses „Seuchenjahr" war eigentlich nicht zu erklären, denn der HSV hatte eine gute Mannschaft und mit dem Abwehr-As Tomas Ujfalusi sowie Sergej Barbarez, der sich mit 22 Treffern die Torjägerkrone sicherte, auch tolle Neuzugänge. Als sich nach den ersten Spielen der nächsten Saison keine Besserung abzeichnete, folgte das Übliche: Trainer Pagelsdorf wurde entlassen.

2003: Minititel im Miniturnier

Auch unter dem neuen Coach Kurt Jara lief es zunächst nicht viel anders als in den Jahren zuvor: Der HSV schied im DFB-Pokal frühzeitig aus und kam in der Bundesliga nicht über einen zweistelligen Tabellenplatz hinaus. In der Spielzeit 2002/03, in der sich die Neuverpflichtung Bernardo Romeo mit guten Leistungen auszeichnete, ging es wieder bergauf: Platz 4. Kurz darauf errang der HSV zum ersten Mal seit 16 Jahren wieder einen Titel, wenn auch nur einen kleinen. Im damals zur Saisonvorbereitung ausgespielten Ligapokal, bei dem die sechs besten Mannschaften der abgelaufenen Saison in einem Miniturnier gegeneinander antraten, kam der HSV bis ins Finale und besiegte dort Borussia Dortmund mit 4:2.

2004: Trotz „Toppi“ nicht top

2003/04 schied der HSV bereits früh im UEFA- und DFB-Pokal aus und spielte auch in der Liga wenig erfolgreich. Nach einem 0:4 beim 1. FC Kaiserslautern wurde Kurt Jara von Klaus Toppmöller abgelöst. Unter „Toppis“ Regie stabilisierte sich die Mannschaft und erreichte noch den 8. Platz. In der nächsten Spielzeit erwischte es dann aber auch Toppmöller. „Außer Toppi könnt ihr alle gehen“, riefen die HSV-Fans am 16. Oktober 2004 beim 0:2 gegen Bielefeld. Soeben hatte der HSV die sechste Saisonniederlage erlitten und war damit auf Platz 18 abgestürzt. Doch alle blieben, nur Toppi ging.

2006: Fast Vizemeister mit van der Vaart

Im Grunde lief die Spielzeit 2004/05 genauso wie die Vorsaison: Absturz, Trainerwechsel, 8. Platz. Nur die Personen waren andere. Doch der neue Trainer, der Ex-HSV-Profi Thomas Doll, schaffte es, für die nachfolgende Spielzeit eine spielstarke Mannschaft aufzubauen. Mann der Saison war der niederländische Superstar Rafael van der Vaart. Der blonde Engel lenkte das Spiel brillant, überraschte mit tollen Ideen und ebenso tollen Toren. Der HSV gewann den UI-Cup und erreichte im UEFA-Pokal das Achtelfinale. In der Bundesliga spielten die Doll-Schützlinge ganz oben mit und landeten schließlich auf dem 3. Platz. Die Fans waren begeistert von diesem Höhenflug: Erstmals kamen im Schnitt mehr als 50.000 Zuschauer zu den Heimspielen.

Rafael van der Vaart (links) jubelt mit seinen Kollegen.

2008: Absturz, Aufschwung und ein Abschied

Die Saison 2006/07 begann mit vielen Niederlagen. In der Champions League schied der HSV früh aus, in der Bundesliga war er nach dem 20. Spieltag Tabellenletzter. Am 1. Februar 2007 gab es die übliche Trennung vom Trainer. Nachfolger des im Vorjahr noch umjubelten Thomas Doll wurde der Niederländer Huub Stevens. Verstärkt durch Torwart Frank Rost sowie den kroatischen Stürmer Ivica Olic und abgesichert durch das immer besser funktionierende Innenverteidiger-Duo Bastian Reinhardt und Joris Mathijsen erreichte der HSV noch den 7. Platz. Über den UI-Cup qualifizierte er sich dann noch für den UEFA-Cup, in dem er bis ins Achtelfinale vordrang. 2007/08 kletterte der HSV sogar auf den 4. Platz. Alles lief eigentlich gut, trotzdem ging Trainer Stevens. Diesmal allerdings freiwillig aus privaten Gründen.

2009: Bittere Niederlagen gegen Werder

Mit dem neuem Trainer Martin Jol, aber ohne Superstar van der Vaart ging es in die Saison 2008/09. Die Fans mussten dem zu Real Madrid entflogenen Engel aber nicht lange hinterhertrauern. Denn auch ohne ihn spielte der HSV eine tolle Saison. In der Bundesliga erreichte er Platz 5 und zog sowohl im DFB-Pokal als auch im UEFA-Cup ins Halbfinale ein. In beiden Wettbewerben hieß der Gegner Werder Bremen.

Im Halbfinale des DFB-Pokals stand es nach flotten 90 Minuten und einem Olic-Tor für Hamburg 1:1. Die Verlängerung, die der HSV nach einem Platzverweis mit zehn Mann bestreiten musste, endete torlos. Aber im Elfmeterschießen hielt Werder-Keeper Wiese dreimal – und der HSV war raus!

Dann das Halbfinale im UEFA-Cup. Der HSV gewann das Hinspiel in Bremen mit 1:0. Im Rückspiel ging er durch Olic mit 1:0 in Führung. Doch Bremen kam zurück und schoss noch drei Tore. Olic brachte den HSV noch auf 2:3 heran, aber das nützte nichts mehr. Bremen hatte mehr Auswärtstore erzielt und kam deswegen weiter.

Eine Papierkugel spielte mit

HSV – Bremen, Halbfinale im UEFA-Cup, 83. Minute (Spielstand 1:2): Ein harmlos trudelnder Ball trifft in der Nähe der Hamburger Torauslinie auf eine Papierkugel, die Fans auf das Feld geworfen hatten. Eigentlich hätte es Abstoß gegeben, aber der Ball prallt nun dem HSV-Verteidiger Gravgaard ans Schienbein. Es gibt Eckball, und plötzlich steht es 1:3.

Derby-Time: Mladen Petric gegen Bremens Torsten Frings im Halbfinale des UEFA-Cups 2009.

Europa-League-Halbfinale gegen Fulham: Auch Ruud van Nistelrooy kann die Niederlage nicht verhindern.

2010: Der Traum vom Heim-Endspiel

Das ganz große Ziel der Saison 2009/10 war klar. Durch den 5. Platz der Vorsaison war der HSV für die Europa League qualifiziert. Das Endspiel dieses Wettbewerbs sollte in Hamburg stattfinden. Logo, dass der HSV das Finale erreichen und dann auch vor heimischem Publikum gewinnen wollte. Dafür sollte der neue Cheftrainer Bruno Labbadia sorgen, der den nach Amsterdam abgewanderten Martin Jol ersetzte. Der HSV legte einen tollen Start hin – 22 Punkte aus zehn Spielen bedeuteten sogar Vereinsrekord! – und stand in der Bundesliga vorübergehend auf dem 1. Platz. Die jungen Talente Jerome Boateng, Dennis Aogo und Jonathan Pitroipa schlugen richtig gut ein. Und dann gab es nach der Winterpause auch noch einen Paukenschlag: Real Madrids niederländischer Superstürmer Ruud van Nistelrooy, „Van the Man", wechselte nach Hamburg!

Im Europapokal spielte der HSV erfolgreich und qualifizierte sich für das Halbfinale. Doch in der Bundesliga wurden die Leistungen immer schwächer. Am 26. April 2010 entließ der Vorstand Bruno Labbadia nach einer 1:5-Niederlage bei 1899 Hoffenheim. Techniktrainer Ricardo Moniz übernahm den Posten des Trainers bis zum Saisonende und führte das Team in der Bundesliga auf den 7. Platz. Das große Ziel konnte aber auch er nicht erreichen. Der HSV schied im Halbfinale der Europa League gegen den englischen Vertreter FC Fulham aus (0:0, 1:2), der dann im Hamburger Endspiel mit 1:2 n.V. gegen Atlético Madrid verlor.

Die schönsten Sprüche

„Wir hatten eine zu alte Mannschaft. Wir mussten handeln."
Der neue HSV-Boss Carl-Edgar Jarchow

„Den HSV zu trainieren, ist ein Traum."
Michael Oenning vor seinem Trainer-Albtraum

„Nur wenn alle gemeinsam ein Ziel verfolgen, lassen sich am Ende gute Resultate erzielen."
Sportchef Frank Arnesen

2011: Neuanfang statt Höhenflug

Mit Beginn der Saison 2010/11 übernahm der frühere Stuttgarter Meistertrainer Armin Veh den Dino der Liga. Die Ziele waren hochgesteckt, man wollte ganz

Hängende Köpfe, wie hier nach der Niederlage in Köln, gab es beim HSV in der Saison 2010/11 öfter zu sehen.

oben mitmischen. Doch die teuerste Mannschaft der Vereinsgeschichte – 48 Mio. Euro hatte sie gekostet – lag zur Winterpause lediglich auf dem 11. Platz. Als der HSV beim FC Bayern München mit 0:6 unterging, wurde Trainer Armin Veh entlassen, Co-Trainer Michael Oenning übernahm. Besser wurde es nicht: Nach sieben sieglosen Spielen zum Saisonende landete der HSV auf Platz 8.

Am 23. Mai 2011 wurde der Däne Frank Arnesen Nachfolger des bisherigen Sportchefs Bastian Reinhardt. Der Ex-Manager des FC Chelsea begann sofort, einen großen Umbruch einzuleiten. Superstar Ruud van Nistelrooy, aber auch langjährige Leistungsträger wie Piotr Trochowski, Joris Mathijsen, Frank Rost und Collin Benjamin verließen den Verein. Dafür verpflichtete er junge Spieler wie Michael Mancienne, Gökhan Töre, Jeffrey Bruma und Jacopo Sala von seinem Ex-Klub aus London.

2012: Der Dino so schlecht wie nie

Nach fünf Niederlagen in den ersten sechs Spielen der Saison 2011/12 war das Vertrauen in den neuen Cheftrainer Michael Oenning schon wieder erschöpft. Der U23-Coach Rodolfo Cardoso und Sportchef Frank Arnesen sprangen vorübergehend ein. Als der ehemalige FC-Bayern-Profi Thorsten Fink, der beim FC Basel in der Schweiz sehr erfolgreiche Arbeit geleistet hatte, im Oktober 2011 das Training übernahm, stand der HSV immer noch auf dem letzten Platz. Der neue Trainer hatte große Mühe, die verunsicherte Mannschaft zu stabilen Leistungen zu führen. Nur ganz allmählich ging es bergauf. Erst am 33. Spieltag konnte mit einem 0:0 gegen Mainz das Abstiegsgespenst endgültig vertrieben werden. Am Ende belegte der HSV den 15. Tabellenplatz. Das war die schlechteste Platzierung des Vereins seit Gründung der Bundesliga! Aber immerhin: Der Bundesliga-Dino war noch einmal mit dem Schrecken davongekommen. Nach dieser Zittersaison mussten weitere Spieler, darunter der Dauerbrenner David Jarolim, den Verein verlassen, da Sportchef Frank Arnesen den im Vorjahr eingeleiteten Umbau des Kaders nun vollenden wollte.

Krise im Frühjahr 2011

In der Saison 2010/11 gab es beim HSV nicht nur sportliche Probleme: In der Vereinsführung kriselte es ebenso. Nach der Entlassung von Trainer Armin Veh trennte sich der HSV auch noch vom Vorstandsvorsitzenden Bernd Hoffmann. Sein Nachfolger wurde der Kaufmann und Politiker Carl-Edgar Jarchow. Er versucht seitdem, das HSV-Schiff wieder auf Fahrt zu bringen.

Erst durch viele Niederlagen frustriert und dann ausgemustert: der langjährige Stammspieler David Jarolim und der Kurzzeit-Trainer Michael Oenning (rechts).

DIE BESTEN HSVer

DIE STARS VON 1988 BIS 2012 (1)

Hunderte Spieler kamen seit 1990 zum HSV und verließen ihn wieder. Wenige sind länger geblieben. Hier eine Auswahl von elf Stars.

Richard Golz, der wegen seiner 1,99 Meter der „Lange" genannt wurde, löste 1987 Uli Stein als Nummer 1 ab und stand insgesamt elf Jahre im HSV-Kader (314 Spiele). **Hans-Jörg Butt** setzte sich in der Saison 1997/98 als Stammtorhüter gegen Richard Golz durch. In den folgenden zwei Spielzeiten machte er sich vor allem als Elfmeterschütze (16 Treffer!) einen Namen.

In der Innenverteidigung hatte der HSV immer Klasseleute wie Hoogma, van Buyten, Ujfalusi und andere. Der spätere HSV-Sportchef **Bastian Reinhardt** erkämpfte sich trotzdem immer wieder einen Stammplatz. Schnell, aggressiv und torgefährlich – das war der gebürtige Franke **Harald Spörl**. Er kam 1987 und gab 13 Jahre lang in 377 Spielen den Mittelfeldmotor im Trikot mit der Raute. Ein weiterer Franke, der sich in Hamburg einen Namen machte, war der gelernte Metzger **Bernd Hollerbach**. Der eisenharte Linksverteidiger, der neun Jahre seinen Stammplatz behauptete (1995 – 2004), war bei den HSV-Fans wegen seiner kämpferischen Einstellung sehr beliebt.

Der elegante Argentinier **Rodolfo Cardoso** schloss sich 1996 dem HSV an. Er konnte sich zunächst nicht durchsetzen, wurde aber später zum Dreh- und Angelpunkt im HSV-Mittelfeld. Bis 2004 war er aktiv, heute ist er Trainer im Amateur- und Nachwuchsbereich des HSV. 1999 machte der Iraner **Mehdi Mahdavikia** sein erstes Spiel in Hamburg. Er blieb acht Jahre und wurde von den Fans mit langgezogenen „Meeeehdi"-Rufen angefeuert, wenn er auf der Außenbahn nach vorne stürmte. Der technisch perfekte Bosnier **Sergej Barbarez** war einer der besten Fußballer, die jemals das HSV-Trikot trugen. Gleich in seiner ersten Saison 2000/01 wurde er Torschützenkönig. In den nächsten fünf Jahren glänzte er auch als Vorlagengeber und Antreiber. Von 2005 bis 2008 war der Niederländer **Rafael van der Vaart**, Super-

Bernd Hollerbach kämpfte neun Jahre lang für den HSV.

techniker und Mann der wunderschönen *Supertalent*-Moderatorin Sylvie, der unumstrittene Star des HSV. Mit seinem linken Fuß spielte er tödliche Pässe und schoss unglaubliche Freistoßtore. Entsprechend groß war der Jubel, als er 2012 nach Hamburg zurückkehrte.

Als er 1990 vom ehemaligen DDR-Verein Dynamo Berlin zum HSV kam, dribbelte sich **Thomas Doll** in kürzester Zeit in die Herzen der HSV-Fans. Schade war, dass er nach nur einer Saison zu Lazio Rom wechselte. Aber er kehrte später noch mal zurück, einmal als Spieler und einmal als Trainer. Der lange Berliner **Karsten Bäron** (1,97 Meter) galt als eines der größten Stürmertalente in Deutschland. Leider hatte der Mann, der als „Air Bäron" die Lufthoheit in den gegnerischen Strafräumen behauptete, ständig mit Verletzungen zu tun. Nach acht Knieoperationen in acht HSV-Jahren beendete er im Jahr 2000 seine Karriere vorzeitig.

Mehdi Mahdavikia

Sergej Barbaraz

Hans-Jörg Butt

Toller Offensivspieler: Rafael van der Vaart.

Thomas Doll

Richard Golz

Harald Spörl

Die besten Sprüche von Frank Rost

„Es kann nicht unser Ziel sein, um den 18. Tabellenplatz zu spielen!"

„Spektakel und Theater kann man bei Real Madrid machen."

„Heute hätten wir keinen Hering vom Teller gezogen."

DIE BESTEN HSVer
DIE STARS VON 1988 BIS 2012 (2)

Jonathan Pitroipa

Die HSV-Karriere des Torwarts **Frank Rost**, der wegen seiner großen Hände „Fäustel" genannt wurde, begann in der Winterpause 2006/07. Der erfahrene und wortgewandte Keeper war bis 2011 ein souveräner Rückhalt.

Eine gute Rolle beim HSV spielten drei afrikanische Nationalspieler. Zehn Jahre, von 2001 bis 2011, zeigte der Namibier **Collin Benjamin** als Abwehr-Allrounder sein Können in Hamburg. Von 2005 bis 2011 kämpfte **Guy Demel** auf der rechten Außenbahn für den HSV. Die Aktionen des Modellathleten von der Elfenbeinküste wurden von den Fans mit langgezogenen „Guuuy"-Rufen gefeiert. Der spindeldürre **Jonathan Pitroipa** aus Ouagadougou – der Hauptstadt des westafrikanischen Landes Burkina Faso – war ein Spezialist für Dribblings, Finten und Tricks im Sauseschritt. Beim HSV wie in der niederländischen Nationalmannschaft war **Joris Mathijsen** viele Jahre in der Innenverteidigung gesetzt. Er handelte stets unaufgeregt und sicher. Drei erfolgreiche Spielzeiten beim HSV zeigte der talentierte und immer bissige Defensiv-Allrounder **Jerome Boateng**, der inzwischen vielfacher deutscher Nationalspieler ist.

Frank Rost

Guy Demel

Fast ein Jahrzehnt lang gehörte der Tscheche **David Jarolim** zu den unverzichtbaren Leistungsträgern des HSV. Der langjährige HSV-Kapitän bestach als nie ermüdender Läufer und Abfangjäger im defensiven Mittelfeld. Bereits 35 Jahre alt war der brasilianische Weltklassespieler **Zé Roberto**, als er im Juli 2009 als vierfacher Meister und Pokalsieger von München nach Hamburg wechselte. Der elegante Ballkünstler bildete zwei Jahre lang mit Jarolim ein perfektes Duo im defensiven Mittelfeld.

David Jarolim

In Polen geboren, in Hamburg aufgewachsen und in der Jugend bei Bayern München fußballerisch ausgebildet – das war die Vorgeschichte von **Piotr Trochowski**, der sich in der Winterpause 2004/05 dem HSV anschloss. Der kleine Dribbler glänzte bis 2011 mit präzisen Pässen und Kunstschüssen bei Freistößen.

Ein „kleiner Krieger" aus Peru, nämlich **Paolo Guerrero**, wurde schon als Jugendlicher von Bayern München verpflichtet. Von 2006 bis 2012 stürmte der bissige Kämpfer mit wechselndem Erfolg für den HSV.

Zwei Staatsbürgerschaften (Schweiz und Kroatien) besitzt **Mladen Petric**. Nach Stationen in Zürich, Basel und Dortmund kam der technisch begabte Stürmer im August 2008 nach Hamburg. Petric begeisterte mit entschlossenen Aktionen und toller Schusstechnik. 2012 verabschiedete er sich zum FC Fulham.

Die Verpflichtung des niederländischen Weltklassestürmers **Ruud van Nistelrooy**, der ablösefrei von Real Madrid kam, war im Januar 2010 eine riesige Sensation. „Van the Man" war bereits in drei Ländern (Niederlande, England, Spanien) und dreimal in der Champions League Torschützenkönig gewesen. Der beidfüßig gefährliche Strafraumstürmer bewies auch in der Bundesliga seinen Killerinstinkt.

In Diensten von Twente Enschede zerpflückte **Eljero Elia** die Abwehrreihen der Gegner so eindrucksvoll, dass er in der Saison 2008/09 als bester Nachwuchsspieler der Niederlande ausgezeichnet wurde. Dann griff der HSV zu und verpflichtete ihn für 9 Mio. Euro. Mit seinen raketenschnellen Tempodribblings eroberte der Edeltechniker schnell die Herzen der Fans. Dann aber ließ er stark nach. Über Juventus Turin landete er schließlich 2012 beim Nordrivalen Werder Bremen.

Ruud van Nistelrooy

Paolo Guerrero

Kleiner Dribbler: Piotr Trochowski

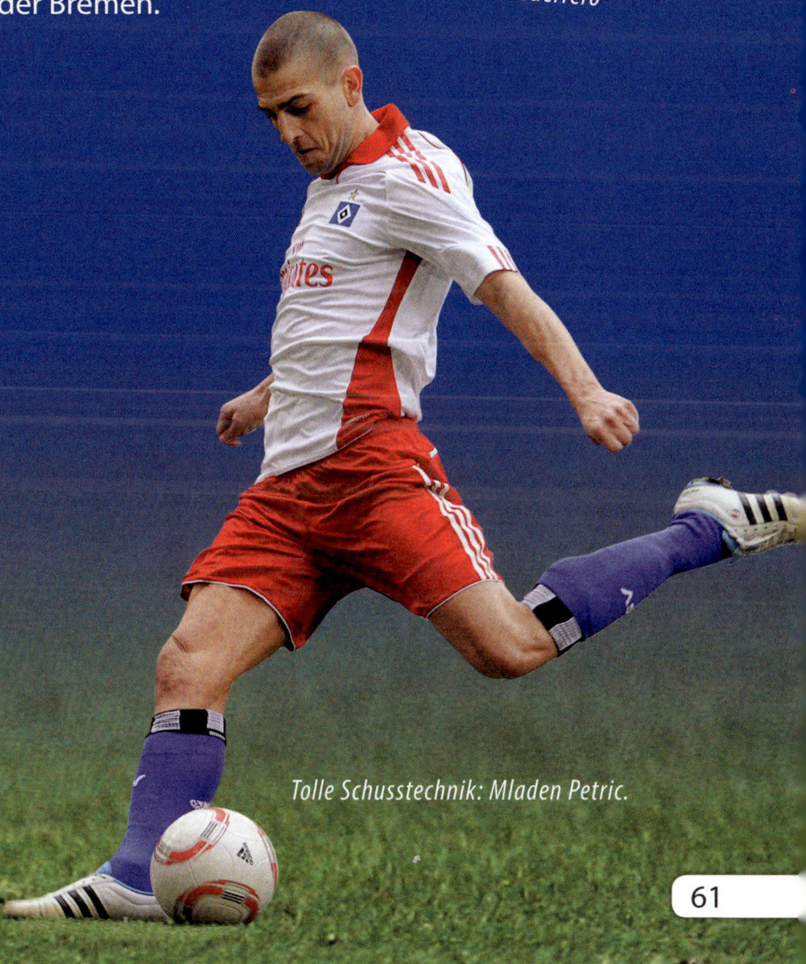
Tolle Schusstechnik: Mladen Petric.

„Adler ist eine Chance, die man nutzen muss."
HSV-Sportchef Frank Arnesen über die zunächst umstrittene Verpflichtung des neuen HSV-Torhüters

„Wir müssen jeden Gegner mit dieser Leidenschaft auffressen."
René Adler nach dem 3:2-Sieg über Dortmund am 4. Spieltag 2012/13

„Wir brauchen Spieler, die mitziehen und Gras fressen für den Verein."
Ausblick von HSV-Trainer Thorsten Fink auf die Saison 2013/14

2012: „Überlebenscamp" und Rafaels Heimkehr

Um den Zusammenhalt der Mannschaft zu stärken, griff Trainer Thorsten Fink in der Vorbereitung zur Saison 2012/13 zu ungewöhnlichen Methoden: Er verordnete dem Team ein „Überlebenscamp" in der Wildnis von Schweden. In der Bundesliga sollte es freilich nicht wieder nur ums Überleben, also den Klassenerhalt, gehen. Leider startete die Mannschaft dann aber mit einem Erstrunden-Aus im DFB-Pokal (2:4 gegen Karlsruhe) und Niederlagen gegen Nürnberg und Bremen in die Saison. Trotz Verstärkungen wie dem Klassetorwart René Adler, dem Stürmer Artjoms Rudnevs sowie den Mittelfeldspielern Petr Jiracek und Milan Badelj – allesamt Nationalspieler ihrer Heimatländer Deutschland, Lettland, Tschechien und Kroatien – lief es zunächst nicht gut.

Doch beim 0:2 am 2. Spieltag im Nordderby gegen Werder saß der neue Hoffnungsträger bereits auf der Tribüne: Mit Hilfe des vermögenden HSV-Fans Klaus-Michael Kühne war es gelungen, den verlorenen Sohn Rafael van der Vaart für die HSV-Rekordsumme von 13 Mio. Euro von Tottenham Hotspur zurück nach Hamburg zu holen. Und tatsächlich stellten sich mit dem niederländischen Spielmacher, der den HSV einst in die Champions League geführt hatte, rasch die ersten Erfolge ein. Am 4. Spieltag besiegten die Rothosen den amtierenden Meister Borussia Dortmund mit 3:2. Und am 6. Spieltag gelang ein 1:0 gegen Hannover 96. Das war ein perfektes Ergebnis, um das 125-jährige Vereinsjubiläum fröhlich feiern zu können. In der Folge lief dann zwar immer noch nicht alles rund, doch gab es keine schlimmen Einbrüche, was vor allem den Glanzleistungen von Torhüter René Adler zu verdanken war. Zur Halbzeit der Saison lag der HSV auf dem 10. Rang.

2013: Kampf um die Europa League

Um sein erklärtes Ziel, die Qualifikation für die Europa League, zu erreichen, musste der HSV in der Rückrunde noch deutlich zulegen. Ein 3:2-Sieg im Nordderby gegen Werder war vielversprechend. Am 21. Spieltag lieferten die

Zum 125-jährigen Jubiläum des HSV zeigten die Fans am 29. September 2012 vor dem Spiel gegen Hannover 96 eine tolle Choreografie.

Hamburger beim 4:1-Sieg in Dortmund eine begeisternde Leistung ab. Neben Rafael van der Vaart und Marcell Jansen verdienten sich dabei vor allem die beiden Doppel-Torschützen Heung-Min Son und Artjoms Rudnevs Bestnoten. Es folgte ein 1:0 gegen Mönchengladbach durch einen Van-der-Vaart-Treffer. Der HSV rückte damit auf Platz 6 vor. Diesen galt es nun mindestens zu halten, um die Qualifikation für den Europapokal wahrzumachen. Doch dann gab es sehr wechselhafte Leistungen und zweimal sogar richtig erschreckende Einbrüche: In Hannover, als René Adler erstmals eine schlechte Leistung zeigte, verloren die Rothosen mit 1:5, und in München setzte es gegen den in dieser Spielzeit überragend auftrumpfenden FC Bayern gar ein 2:9. Der Traum vom internationalen Wettbewerb schien danach in weite Ferne gerückt.

Zum Ende der Saison rissen sich die wankelmütigen Schützlinge von Trainer Fink aber noch einmal zusammen. Ein 4:1-Sieg gegen Hoffenheim am 33. Spieltag brachte Platz 6 noch einmal in Reichweite. So kam es im letzten Heimspiel der Saison gegen den Tabellendritten Bayer Leverkusen zu einem Endspiel um die Eintrittskarte zur Europa League. Die Hamburger überzeugten zwar kämpferisch, kamen aber gegen den spielstarken Gegner zu keinem Torerfolg. Leverkusens Torjäger Stefan Kießling traf in der 90. Minute, der HSV verlor knapp mit 0:1. Es hatte also leider nicht gereicht. Aber eines ist trotzdem klar: Ein Verein wie der Hamburger SV gehört auf die große europäische Bühne und wird dort sicher auch bald wieder auftreten.

René Adler und Rafael van der Vaart feiern den 1:0-Sieg in Stuttgart am 10. März 2013.

21. Spieltag, 4:1 in Dortmund: Die Doppeltorschützen Artjoms Rudnevs und Heung-Min Son haben Grund zum Feiern. Mit dabei (verdeckt): Dennis Aogo und Tomas Rincon.

„Er weiß, was er kann, aber spuckt keine großen Töne."
Thorsten Fink über René Adler

„Wenn alles negativ aussieht, dann hat man schnell das Gefühl, dass gar nichts mehr läuft. Doch ich habe gelernt, nie aufzugeben."
Heiko Westermann

Johan Djourou

Marcell Jansen

DIE BESTEN HSVer
DIE STARS VON HEUTE

ABWEHR UND DEFENSIVES MITTELFELD

Die Nummer 1 beim HSV trägt **Jaroslav Drobny**. Obwohl der Tscheche ein erfahrener und zuverlässiger Keeper ist, verpflichtete Sportdirektor Frank Arnesen 2012 von Bayer Leverkusen **René Adler** (15), der einst als größtes deutsches Torwarttalent galt. Im März 2010 ernannte ihn Bundestrainer Joachim Löw zur Nummer 1 im deutschen Tor. Doch dann verletzte sich Adler schwer. In der Nationalelf lief ihm Manuel Neuer den Rang ab, in Leverkusen Bernd Leno. Seit November 2012 zählt Adler aber wieder fest zum Kader der Nationalmannschaft. Der Anlass für sein Comeback waren viele tolle Paraden für den HSV.

Seit Juli 2010 steht der Nationalverteidiger **Heiko Westermann** (4) in Diensten des Hamburger SV. Er schloss die Lücke, die durch den Wechsel von Jerome Boateng zu Manchester City entstanden war. Der 1,90 Meter große Defensiv-Allrounder war lange Kapitän. Wegen seiner Kopfballstärke spielt er zumeist auf der Position des Innenverteidigers. Der athletische Innenverteidiger **Johan Djourou** (5), ein in Westafrika geborener Schweizer, war 2012/13 von Arsenal London an Hannover 96 verliehen. Der Schweizer Nationalspieler überzeugte dort und nimmt nach seinem Wechsel zum HSV die Position neben Heiko Westermann im Abwehrzentrum ein. Ein weiterer Kandidat für die Innenverteidigung ist der aus der eigenen Jugend in den Profikader aufgestiegene **Jonathan Tah** (28). Ein Mann mit Stammplatzpotenzial in der Innenverteidigung ist der 2013 verpflichtete junge U21-Nationalspieler **Lasse Sobiech**, der bei Borussia Dortmund ausgebildet wurde und zuletzt bei St. Pauli und in Fürth spielte.

Über Mönchengladbach und Bayern München kam **Marcell Jansen** (7) im August 2008 zum HSV. Als herausragendes Talent auf der linken Abwehrseite wurde er schon früh Nationalspieler. Neben Zweikampfstärke

René Adler hielt für den HSV schon viele Schüsse und damit auch zahlreiche Punkte fest.

Zweikampfstark:
Dennis Aogo.

Petr Jiracek

Milan Badelj

Tomas Rincon

und taktischer Disziplin gehört ein unaufhaltsamer Offensivdrang zu seinen besonderen Qualitäten. Der pfeilschnelle **Dennis Diekmeier** (2), der in der Jugend für den Nordrivalen Werder Bremen spielte, hat sich nach langen Verletzungsproblemen einen Stammplatz als Rechtsverteidiger gesichert. **Dennis Aogo** (6), in Karlsruhe geborener Sohn eines Nigerianers und einer Deutschen, bewies sein Können bereits in vielen Einsätzen für die Nationalmannschaften des DFB. Zunächst meist Verteidiger, hat er inzwischen auch als Offensivspieler auf der linken Seite seinen Platz gefunden.

Im Sommer 2012 verpflichtete der HSV gleich zwei Spieler, die auf der Doppelsechs vor der Abwehr eingesetzt werden können: den kroatischen Nationalspieler **Milan Badelj** (14) und den tschechischen Nationalspieler **Petr Jiracek** (19). Während Badelj, der vor seinem Transfer nach Hamburg viermal in Folge kroatischer Meister mit Dinamo Zagreb geworden war, auch Qualitäten als Spielmacher hat, glänzt der langhaarige Ex-Wolfsburger Jiracek vor allem mit seiner unerbittlichen Zweikampfstärke. Zudem hat er bei der EM 2012 auf dem rechten Flügel der Tschechen als Torjäger auf sich aufmerksam gemacht. Der quirlige Abräumer **Tomas Rincon** (8), ein Nationalspieler aus Venezuela, hat sich 2009 mit guten Leistungen in die erste Elf des HSV gespielt. Ebenfalls ein Kandidat für die Doppelsechs ist der junge Deutsch-Türke **Tolgay Arslan** (18). Als Junioren-Nationalspieler war das Mittelfeldtalent zunächst für die Türkei im Einsatz, bevor er sich für die deutsche Nationalmannschaft entschied. Ihm ist für die Zukunft einiges zuzutrauen.

Kopfballstark:
Heiko Westermann.

„Rafael van der Heimvaart."
Internet-Witz nach der Rückkehr von Rafael van der Vaart zum HSV

„Er ist schon sehr anstrengend, sehr kritisch."
Heung-Min Son über seinen Vater

„Sein Geheimnis ist, dass er selbst nicht weiß, wo er hinschießt. Er hat einen Schuss wie ein Pferd, überlegt nicht lange und haut einfach immer voll drauf."
René Adler über Artjoms Rudnevs

„Ich spreche nicht über Tore, sondern mache sie lieber erst."
Artjoms Rudnevs

DIE BESTEN HSVer
DIE STARS VON HEUTE

OFFENSIVES MITTELFELD UND ANGRIFF

Sorgt für große Freude bei allen HSV-Fans: ein jubelnder Rafael van der Vaart.

Die Saison 2012/13 hatte schon begonnen, als der HSV auf den letzten Drücker den „kleinen Engel" **Rafael van der Vaart** (23) zurückholte. Der niederländische Regisseur, der einst für fußballerische Glanzlichter in Hamburg gesorgt hatte, nahm sogar Einbußen an seinem Gehalt in Kauf, um wieder für seinen Lieblingsverein spielen zu können. Es gelang ihm schnell, das Offensivspiel der Hamburger mit tollen Vorlagen wiederzubeleben. Abseits des Platzes sorgte er mit der Trennung von seiner prominenten Frau, der Moderatorin Sylvie, für Schlagzeilen.

Von Rosenborg Trondheim stieß der blonde Norweger **Per Ciljan Skjelbred** (25) zum HSV. Er brachte Erfahrung aus etlichen Champions-League-Spielen mit und hat ebenfalls Spielmacherqualitäten. In der Jugendabteilung des HSV ausgebildet wurde **Maximilian Beister** (21). Der Junioren-Nationalspieler war vorübergehend an Fortuna Düsseldorf ausgeliehen und hatte 2011/12 großen Anteil am Aufstieg der Rheinländer in die Bundesliga. Nun hofft er auf eine erfolgreiche Karriere bei seinem Stammverein.

Überzeugt immer mit voller Pulle: Per Skjelbred.

Der serbische Nationalspieler **Gojko Kacar** (44), ein vielseitig einsetzbarer Allrounder, stieß im Sommer 2010 zum HSV. Trotz etlicher Einsätze blieb er ein Ergänzungsspieler. Der junge Italiener **Jacopo Sala** (22), neben Bruma, Mancienne und Rajkovic der vierte ehemalige Chelsea-Spieler in Hamburg, ist im zentralen und rechten Mittelfeld zuhause. **Zhi Gin Andreas Lam** (17), ein Hamburger mit chinesischen

Zhi Gin Andreas Lam

Vielseitiger Angreifer: Jacques Zoua.

Tolgay Arslan

Maximilian Beister

Wurzeln, dribbelte sich mit seiner erfrischend unbekümmerten Spielweise in der 2. Mannschaft so stark in den Vordergrund, dass er nun auch bei den Profis randarf. Der Linksfuß **Ivo Ilicevic** (11), kroatischer Nationalspieler und ein klassischer Außenstürmer, kämpft seit 2011 um einen Stammplatz im Trikot mit der Raute. **Hakan Calhanoglu** (9), vorübergehend zum Karlsruher SC ausgeliehen und seit 2013 im Profikader des HSV, ist ein deutsch-türkisches Mittelfeldtalent mit Zug zum Tor. Ein weiterer junger Mittelfeldspieler und ebenfalls ein Deutsch-Türke ist **Kerem Demirbay** (27). Er kam 2013 von Borussia Dortmund zum HSV.

Im Rahmen einer Vereinbarung zwischen dem Hamburger SV und dem koreanischen Fußballverband wurden im Jahr 2008 drei junge Koreaner im vereinseigenen Fußballinternat aufgenommen. Der lauf-, dribbel- und schussstarke Heung-Min Son schaffte den Sprung zu den Profis und entwickelte sich dort zu einem Klassestürmer und gefährlichen Torjäger. 2012/13 war er so gut, dass ihn viele Spitzenvereine mit Millionenangeboten lockten. Schließlich wechselte er zu Bayer Leverkusen. Als erster Spieler aus Lettland läuft seit 2012 **Artjoms Rudnevs** (10) für die Rothosen auf. Der dynamische Stoßstürmer begeistert mit unermüdlichem Einsatz und furchterregender Schusskraft. Der Schwede Marcus Berg, der als bester Stürmer der U21-EM 2009 vom HSV verpflichtet wurde, schaffte den Durchbruch nicht. Für sein Kommen überwies der HSV 10 Mio. Euro an den FC Groningen, 2013 ließ er ihn ablösefrei zu Panathinaikos Athen wechseln. Der junge Angreifer **Jacques Zoua** (35), der einst von Trainer Torsten Fink selbst entdeckt wurde, wechselte im Sommer 2013 vom FC Basel zum HSV. Der Kameruner ist sehr vielseitig und hat vor allem als Vorbereiter Fähigkeiten.

Artjoms Rudnevs zieht ab.

ALLES RUND UM DEN HSV

Über 3 Millionen Fans

Fast 1 Million Zuschauer pro Bundesligasaison

Rund 55.000 Zuschauer im Schnitt pro Heimspiel

Über 70.000 Mitglieder

Über 700 offizielle Fanklubs

Globetrotter.de
Ausrüstung

Die HSV-Raute

Das Vereinswappen des HSV ist die schwarz-weiße Raute auf blauem Grund. Die Farben wurden vom Urverein Germania 1887 übernommen. Es erinnert an die Flaggensymbole der Schifffahrt. Es ist ein tolles Wappen: einfach und unverwechselbar. Deswegen hat sich die HSV-Raute als einziges Wappen eines deutschen Bundesligisten bis heute kaum verändert.

Es ist nicht sicher, wer das Wappen entworfen hat. Meist wird erzählt, es sei der spätere Werbegrafiker Otto Sommer gewesen. 1919 war der Sohn des Rothenbaum-Platzwartes gerade mal 14 Jahre alt. Als er mitbekam, dass die Klubgründer ein Vereinswappen suchten, soll er den Entwurf vorgelegt haben. Andere halten einen Mann namens Henry Lütjens für den Erfinder. Aber egal, wer es nun erfunden hat – das Wappen passt jedenfalls bis heute.

Im Stadion bilden die Sitze die HSV-Raute.

Schon die Meistermannschaft von 1923 trug die Raute auf der Brust.

Hermann Rieger
Günter Netzer verpflichtete den ehemaligen Skilehrer aus Bayern 1978 als Masseur für die HSV-Spieler. Rieger wurde im Lauf der Jahre so etwas wie das „lebende Maskottchen" des HSV. Er war bei allen beliebt und galt als die gute Seele des Vereins. Wenn es bei Heimspielen mal nicht so gut lief, sangen die Fans: „Außer Hermann könnt ihr alle gehen." Im September 2004 ging der Namenspate des Maskottchens Dino in Rente.

Hermann, der Dino

Am 24. August 2003 schlüpfte beim Spiel des HSV gegen den FC Bayern München das Maskottchen Dino Hermann aus einem Ei. Der Dinosaurier mit der Rückennummer 87 – nach dem Gründungsjahr 1887 – passt gut zum HSV. Schließlich wurde der HSV schon lange als „Dino" der Bundesliga bezeichnet, weil er als einziger Verein seit Gründung der Bundesliga im Jahr 1963 immer erstklassig geblieben ist. Den Namen „Hermann" erhielt das Maskottchen zu Ehren von Hermann Rieger, der über ein Vierteljahrhundert als Masseur der HSV-Profis tätig war.

Dino Hermann ist eines der beliebtesten Maskottchen der Bundesliga. Nach Siegen liegen die Spieler häufig in seinen Armen. Hermann taucht aber nicht nur im Stadion auf. Er besucht auch Krankenhäuser und Heime, oft ist er bei Kindergeburtstagen zu Gast. Dino begleitet auch die Jugendmannschaften bei Auswärtsfahrten. Selbst bis in die USA flog er schon mit.

Maskottchen Dino Hermann mit seinem Namensgeber Hermann Rieger, dem ehemaligen HSV-Masseur.

Das legendäre Stadion Rothenbaum Anfang der 1930er Jahre.

Macher beim HSV (1)
Früher waren reiche hanseatische Kaufleute wie **Henry Barrelet, Paul Hauenschild** und **Karl Mechlen** Präsidenten des HSV. Mit dem ehemaligen Spieler **Carl-Heinz Mahlmann** als Vereinschef startete der HSV 1963 in die Bundesliga. Dort sorgte dann in den 1970er Jahren **Dr. Peter Krohn** mit neuen Werbe- und Vermarktungsmethoden wie dem Trikotsponsoring für Aufsehen. Unter dem Präsidenten **Dr. Wolfgang Klein** wurde der ehemalige Fußballstar **Günter Netzer** Manager des HSV (1978 - 1986). Er verpflichtete den Spitzentrainer **Ernst Happel** und viele tolle Spieler. Damit schuf er die Grundlage für große Erfolge.

Stadion Rothenbaum

Das erste Stadion des neu gegründeten HSV lag im Stadtteil Rotherbaum an der Rothenbaumchaussee. Deshalb sagten die Hamburger Fußballfans, sie gingen „zum Rothenbaum". Parallel zu den Erfolgen des neuen Vereins wurde der Platz ausgebaut. 1924 fasste er 27.000 Zuschauer und war damit die größte vereinseigene Sportanlage Deutschlands. 1937 wurden zwei Tribünen entlang den beiden Geraden des Spielfeldes errichtet. 11.000 Plätze, davon 1.500 Sitzplätze, waren nun überdacht.
Das zentral gelegene Rothenbaum-Stadion war bei den Fans sehr beliebt. Es war ein reines Fußballstadion. Die Zuschauer standen dicht gedrängt und nah am Platz. Wenn die Fans ihre „Rothosen" zum Sieg trieben, herrschte ein Höllenlärm. Der HSV spielte hier bis zum Beginn der Bundesliga. Nur wenn ein besonders großer Zuschauerandrang erwartet wurde, zog er in das über 40.000 Zuschauer fassen-

de Altonaer Stadion um. 1928 gewann der HSV in Altona das Endspiel um die Deutsche Meisterschaft gegen Hertha BSC mit 5:2.

Das Ende des Rothenbaums

Anfang der 1970er Jahre, als das Volksparkstadion für die WM umgebaut wurde, fanden am Rothenbaum noch einmal mehrere Bundesligaspiele statt. Es waren die letzten. Seither spielten dort nur noch die Amateure des HSV. Das alte Stadion verfiel immer mehr. Am 19. August 1989 kam es allerdings noch einmal zu einem Comeback: Vor 6.000 Zuschauern verloren dort die Profis des HSV ihr Pokalspiel gegen den MSV Duisburg mit 2:4. Nach der Niederlage kam es zu Tumulten, woraufhin das Stadion aus Sicherheitsgründen für Spiele der 1. Mannschaft gesperrt wurde. 1997 wurde der Rothenbaum abgerissen. Geblieben sind von der traditionsreichen Stätte nur einige Erinnerungsstücke, die man sich im HSV-Museum ansehen kann.

Altonaer Stadion und Volksparkstadion

Das Altonaer Stadion im Volkspark Altona im Ortsteil Bahrenfeld war ab 1925 die größte Sportarena in Hamburg. Am selben Ort entstand das 1953 eröffnete Volksparkstadion. Mit Einführung der Bundesliga 1963 wurde es zur neuen Heimspielstätte des HSV. Anfänglich fasste es 72.000 Zuschauer. Nachdem es für die WM 1974 modernisiert worden war, waren es noch 63.000. Jetzt gab es auf der Gegengerade eine zweite Tribüne.

Richtig beliebt war das Volksparkstadion nie. Die Zuschauer hatten keine besonders gute Sicht, weil sie wegen der Laufbahn sehr weit vom Spielfeld entfernt waren. Außerdem pfiff der Wind durch, und es war recht ungemütlich. Eine tolle Stimmung konnte in der weitläufigen Betonschüssel eigentlich nur bei ausverkauftem Haus aufkommen. Der HSV zog daher, vor allem bei Pokalspielen, zwischendurch gerne mal an den „engen" Rothenbaum um.

Löwenburg
Vor den Spielen im Rothenbaum zogen sich die HSV-Stars in der Vereinsvilla um, der gegenüber dem Platz gelegenen „Löwenburg". Dann liefen sie quer über die Straße. Ordner, Polizisten und Fans bildeten eine Gasse. Wenn sich die Spieler auf dem Platz aus der Menge lösten, brandete Beifall auf. Es war ein Einmarsch, der bei allen Zuschauern für Gänsehaut sorgte.

Das alte Volksparkstadion in Altona. Die zweite Tribüne auf der Gegengerade wurde zur WM 1974 erbaut.

Bundesliga-Uhr
Auf der Nordtribüne oberhalb des Blocks 22A befindet sich die „Bundesliga-Uhr". Sie zeigt die Zugehörigkeit des HSV zur Bundesliga an. Ausgangspunkt ist die erste Spielminute des ersten Spieltags der Bundesliga 1963. Angezeigt werden Jahre, Tage, Stunden, Minuten und Sekunden.

Fan-Friedhof
In unmittelbarer Nähe der Westtribüne wurde im September 2008 ein Friedhof für HSV-Fans eröffnet. Es ist der erste Friedhof für Fußballfans in Europa. Der Friedhof ist einem Stadion nachempfunden. Der Eingang sieht wie ein Fußballtor aus und der Rasen ist ein Originalrasen aus der Arena nebenan.

Ein reines Fussballstadion

Ende der 1990er Jahre wurde das Volksparkstadion vollständig umgebaut. Die neue Arena, die im August 1999 eröffnet wurde, ist ein reines Fußballstadion ohne Laufbahn. Alle Plätze sind überdacht. Markenzeichen sind die riesigen Treppentürme sowie 40 Pfeiler, die das Dach tragen. In der Saison 2012/13 fasste das Stadion 57.300 Zuschauer. Meist ist es ausverkauft. Seit 2005/06 liegt der Zuschauerschnitt deutlich über 50.000. Auf der Nordtribüne stehen für die Fans insgesamt über 10.000 Stehplätze zur Verfügung. Nur bei internationalen Spielen werden sie in Sitzplätze umgewandelt. Es existieren Pläne, das Stadion weiter auszubauen, um das Fassungsvermögen auf über 61.000 Zuschauer zu erhöhen. Im Südbereich sollen für die reiche Kundschaft neue Logen errichtet werden, auf der Nordtribüne entstehen für die Fans mit kleinem Geldbeutel nach und nach zusätzliche Stehplätze.
Auf dem Gelände des Stadions befinden sich neben Kiosken auch Restaurants, ein Fan-Shop, die Geschäftsstelle des Vereins sowie eine Kinder- und Service-Welt. Im Februar 2004 wurde in der Nordostecke des Stadions das HSV-Museum eröffnet. Dort kann man all die Pokale und Trophäen bewundern, die der HSV gewonnen hat. Zu sehen sind aber auch Trikots und Schuhe von berühmten Spielern, Teile des alten Stadions Rothenbaum

Das Stadion mit seinen Treppentürmen und Pfeilern.

und vieles mehr. Sehr ausführlich wird auch über die Geschichte des HSV in der Zeit des Nationalsozialismus berichtet.

Namenswechsel

Im Jahr 2001 wurde das neue Stadion von Volksparkstadion in „AOL Arena" umbenannt. Der bekannte Internet-Anbieter zahlte dafür einige Millionen. Viele Mitglieder und Fans des HSV waren aber gar nicht begeistert. Die „Seele des Vereins", so meinten sie, werde damit verkauft. Inzwischen ist der Verkauf von Stadionnamen im gesamten Profifußball üblich. Bereits 2007 wurde das Stadion wieder umbenannt, weil mit der HSH Nordbank ein neuer Sponsor angetreten war. Eigentlich wollte die Bank bis 2013 Namensgeberin bleiben, dann wurde ihr die Sache aber zu teuer. Deshalb ist seit 2010 der in Hamburg ansässige Anlagenbauer Imtech neuer Stadion-Sponsor. Die Namensvergabe spült dem HSV jährlich 4 Mio. Euro in die Kassen.

Macher beim HSV (2)
Werner Hackmann managte Ende der 1990er Jahre die Umwandlung des Vereins in ein Wirtschaftsunternehmen und gilt als „Baumeister" des neuen Stadions. In seiner Amtszeit wirkte der Ex-Spieler **Holger Hieronymus** als Sportdirektor. 2003 wurde der Geschäftsmann **Bernd Hoffmann** Vorstandsvorsitzender. Im sportlichen Bereich leistete **Dietmar Beiersdorfer** gute Arbeit, bis er 2009 von **Bastian Reinhardt** abgelöst wurde. 2011 übernahm der Unternehmer und Politiker **Carl-Edgar Jarchow** das Amt des Vorstandsvorsitzenden, der Däne **Frank Arnesen** machte sich als Sportchef an einen Neuaufbau des Kaders. 2013 wurde der Karlsruher **Oliver Kreuzer** neuer Sportdirektor beim HSV.

Ein Fanerlebnis
Bereits als Jugendlicher war der als „Dittsche" bekannte Komiker Olli Dittrich Fan des HSV. Im Winter 1966/67 versuchte er, von Uwe Seeler ein Autogramm zu ergattern. Aber in der Kälte war sein Kugelschreiber eingefroren. Uwe Seeler meinte nur: „Kauf dir mal 'nen anständigen Stift, Junge!"

Kutten und Ultras

Das Volksparkstadion war bis auf die Westkurve, in der die treuesten Fans standen, häufig nur spärlich gefüllt. 1988/89 etwa kamen im Schnitt nicht einmal 15.000 Zuschauer. In der neuen HSV-Arena ist das anders. In der Regel sind mehr als 50.000 Zuschauer anwesend, und es herrscht eine tolle Stimmung. Dafür sorgen vor allem die Ultras und die in Kutten gekleideten Stehplatz-Fans auf der Nordtribüne.

Vor dem Anpfiff eines Spiels werden alle Lautsprecher abgeschaltet, die Zuschauer verstummen. Das sind die „heiligen zwei Minuten" der Fans. Und dann geht es los mit Sprechchören: „Nur der HSV!", „Super Hamburg olé". Oft haben die Fans sogar eine tolle Choreografie vorbereitet: Mit bunten Tafeln und Fahnen erstellen sie großflächige Bilder, um ihre Begeisterung für den HSV auszudrücken.

Auch außerhalb des Stadions fiebern viele Fans mit dem HSV. Laut einer Umfrage hat der HSV über drei Millionen Fans in Deutschland. Damit liegt er zwar klar hinter dem FC Bayern, aber etwa gleichauf mit Dortmund und Schalke.

Supporters Club

Im Frühjahr 1993 trafen sich einige HSV-Anhänger am alten Rothenbaum, um im Verein eine Abteilung für Fans zu gründen. Die Zahl der Mitglieder wuchs schnell. Heute gibt es mehrere Fanbetreuer für die über 50.000 Mitglieder des Supporters Club. Bald wollten sie nicht mehr nur Fahrten zu Auswärtsspielen organisieren, sondern auch den Verein selbst mitgestalten. Im Herbst 1997 wurde ein Mitglied des Supporters Club in den Vorstand gewählt. So ist der HSV bis heute in Deutschland der einzi-

Fan-Freundschaften
Teile der HSV-Fans pflegen eine Freundschaft mit den Fans von Hannover 96. Beide Vereine haben dieselbe Abkürzung: HSV. International bestehen gute Kontakte zu den Fans der Glasgow Rangers.

Links: Die Zeitschrift des Supporters Club: die Supporters News. Unten: Lotto King Karl und Carsten Pape heizen vor jedem Heimspiel gründlich ein.

ge Klub, bei dem die Fans wirklich mitbestimmen können.

Der Supporters Club hat auch eine eigene Zeitschrift, die *HSV Supporters News*. Es ist das wichtigste Fanzine der HSV-Fans. 1993 erschien es zunächst mit einer Auflage von wenigen 100 Exemplaren, die aus einfachen Schwarz-Weiß-Kopien bestanden. Inzwischen ist es eine dicke farbige Zeitschrift mit einer Auflage von 53.000 Stück.

Lieder

Neben der Einlaufhymne „HSV Forever" gehört der Song „Hamburg, meine Fußballperle" von Lotto King Karl zu jedem HSV-Heimspiel. Unmittelbar nach Verlesung der Mannschaftsaufstellungen fahren Lotto und der Sänger Carsten Pape auf einer Hebebühne direkt vor der Nordtribüne mehrere Meter hoch. Dann heißt es Schal hoch, Freunde in den Arm, und singen:

„Oh Hamburg meine Perle,
du wunderschöne Stadt,
du bist mein Zuhaus,
du bist mein Leben,
du bist die Stadt, auf die ich kann …"

Weitere bei den HSV-Fans beliebte Lieder sind „Wer wird Deutscher Meister? HSV!" (von Stefan Hallberg), „Hamburg till I die" (von Abschlach) oder „Könige des Nordens" (von Lotto).

Hamburger Derbys

„Derby" nennt man ein Spiel zwischen zwei Vereinen, die aus derselben Stadt oder Region kommen. Früher, zu Zeiten der Oberliga Nord, gab es zahlreiche Derbys in Hamburg. Meist blieb der HSV Sieger. Von 122 Oberligaspielen gegen andere Hamburger Vereine gewann er 85. Die Gegner hießen damals SC Concordia, Altona 93, Eimsbütteler TV, ASV Bergedorf 85, Harburger TB, SC Victoria oder auch FC St. Pauli. Heute schaut der HSV bei den meisten dieser Vereine nur noch zu Testspielen vorbei. Der einzige Verein, gegen den er immer noch in Punktspielen antritt, ist der FC St. Pauli – außer St. Pauli spielt gerade mal wieder in der 2. Liga.

Der Stadtrivale FC St. Pauli

Das Derby zwischen dem HSV und dem FC St. Pauli ist heute das spannendste Stadtduell. Zunächst war es immer eine recht einseitige Angelegenheit. Zwischen 1919 und 1945 gewann St. Pauli nur drei von 31 Punktspielen gegen den HSV. In der Nachkriegszeit waren die Paulianer dann vorübergehend ein ernsthafter Gegner. 1946/47 gewannen sie vor dem HSV die Stadtmeisterschaft. Auch in der Oberliga hielt St. Pauli eine Zeit lang gut mit. 1947/48 und 1948/49 hatten der HSV und St. Pauli die Runde jeweils punktgleich beendet. Zweimal kam es zu einem Entscheidungsspiel. Beide Male gewann der HSV (2:1 und 5:3). Insgesamt konnte der HSV von 32 Oberliga-Begegnungen „nur" 19 gewinnen, 11-mal ging er als Verlie-

Oberliga-Derby zwischen dem HSV und dem FC St. Pauli.

rer vom Platz. Besonders bitter war eine 0:5-Niederlage am 1. April 1951. Meist aber musste St. Pauli deftige Niederlagen einstecken Am heftigsten erwischte es die Braun-Weißen vom Millerntor im Jahr 1957, als sie der HSV mit 9:0 abfertigte.

In der Bundesliga trafen der HSV und St. Pauli 16-mal aufeinander (Stand Mai 2011). Die „Rothosen" verloren das erste Duell am 3. September 1977 mit 0:2. Es blieb die einzige Niederlage bis zum 16. Februar 2011. Da leistete sich der HSV eine peinliche 0:1-Heimniederlage gegen den Stadtrivalen.

Das Nordderby

Als „Nordderby" werden die Spiele zwischen dem HSV und dem SV Werder aus der Nachbarstadt Bremen bezeichnet. Obwohl die Bremer in der Oberliga nie einen Meistertitel errangen, konnten sie die Spiele gegen den Dauersieger HSV immer ausgeglichen gestalten. Und als sie dann in der Bundesliga vorübergehend die Nase vorne hatten, gelang es umgekehrt den Hamburgern, wenigstens im Derby dagegenzuhalten. Einen extrem bitteren Verlauf nahmen die irrsinnigen „Derby-Tage" in der Saison 2008/09. Innerhalb von 19 Tagen trafen der HSV und Werder Bremen in drei Wettbewerben (DFB-Pokal, Europa League und Bundesliga) gleich viermal (!) aufeinander.

Der HSV schied sowohl im DFB-Pokal wie in der Europa League aus und verlor dann auch noch das Bundesligaspiel mit 0:2.

Insgesamt ist die Bilanz zwischen den beiden Rivalen seit dem ersten Aufeinandertreffen in der Norddeutschen Meisterschaft 1926/27 bis Ende der Saison 2012/13, in deren Rückrunde Heung-Min Son, Dennis Aogo und Artjoms Rudnevs für einen 3:2-Heimsieg gegen Werder sorgten, fast ausgeglichen: In 144 Pflichtspielen gab es 50 HSV-Siege, 41 Unentschieden und 53 Niederlagen.

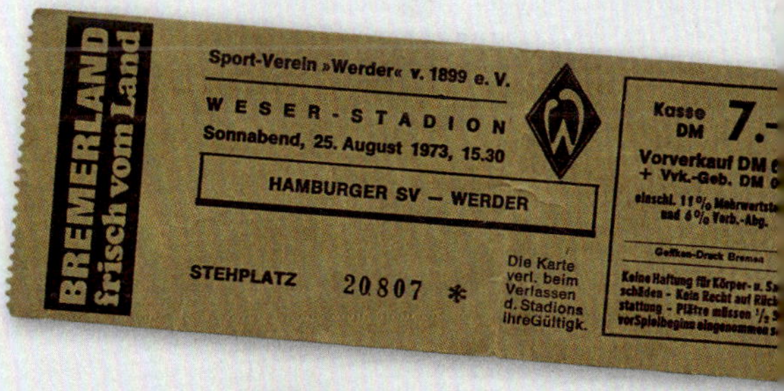

Mit 4:0 gewann der HSV das Nordderby gegen Bremen im Februar 2011. Hier freut sich Mladen Petric mit Doppeltorschütze Paolo Guerrero.

Die Bundesliga-Uhr in der Imtech Arena zählt die Stunden, die der HSV schon in der Bundesliga spielt. Als einziger Verein ist er seit Anfang an ununterbrochen dabei.

DIE „UNABSTEIGBAREN“

Der Hamburger SV spielt seit seiner Gründung 1919 in der jeweils höchsten Liga des deutschen Fußballs. Die erste Herrenmannschaft des Vereins ist also noch nie abgestiegen. Die „Rothosen“ sind der einzige Dauergast in der Bundesliga seit deren Gründung im Jahr 1963.

In der ewigen Tabelle der Bundesliga liegt der „Dino“ HSV auf Platz 3:

1. FC Bayern München (48 Jahre Bundesliga): 1.636 Spiele, 3.510:1.861 Tore, 3.186 Punkte
2. SV Werder Bremen (49 Jahre Bundeslia): 1.662 Spiele, 2.834:2.360, 2.564 Punkte
3. Hamburger SV (50 Jahre), 1.696 Spiele, 2.759:2.377 Tore, 2.561 Punkte (Stand: 18.5.2013)

REGIONALMEISTERTITEL

25-mal Norddeutscher Meister (deutscher Rekord)

ENDRUNDENTEILNAHMEN UM DIE DEUTSCHE MEISTERSCHAFT

32-mal (deutscher Rekord)

OBERLIGA-REKORDE

Höchster Sieg: 10:0 (gegen Arminia Hannover 1955)
Höchste Niederlage: 2:10 (gegen Arminia Hannover 1954)

BUNDESLIGA-REKORDE

Höchster Heimsieg: 8:0 (gegen den Karlsruher SC 1966)
Höchste Auswärtssiege: 6:0 (bei Hertha BSC 1980, bei Fortuna Düsseldorf 1982, bei Eintracht Frankfurt 1991, bei Hansa Rostock 2004)
Höchste Heimniederlage: 0:5 (gegen den FC Bayern München 1974)
Höchste Auswärtsniederlagen: 0:7 (bei Borussia Dortmund 1967), 1:8 (bei Rot-Weiß Oberhausen 1970), 2:9 (beim TSV 1860 München 1964)
Längste Serie: 36 Spiele ungeschlagen (vom 16.1.1982 bis zum 29.1.1983)
Bester Saisonstart: 22 Punkte aus zehn Spielen (2009/2010)

DIE MEISTEN BUNDESLIGASPIELE

Manfred Kaltz (581), Thomas von Heesen (368), Ditmar Jakobs (323), Harald Spörl (321), Peter Nogly (320), Felix Magath (306), Caspar Memering (303), Richard Golz (273), Klaus Zaczyk (262), David Jarolim (257)

DIE MEISTEN BUNDESLIGATORE

Uwe Seeler (137), Thomas von Heesen (99), Horst Hrubesch (96), Manfred Kaltz (76), Sergej Barbarez (65), Franz-Josef Hönig und Georg Volkert (je 62), Harald Spörl (60), Gert Dörfel (58), William Hartwig (52)

DIE MEISTEN PFLICHTSPIELE

Manfred Kaltz (744), Uwe Seeler (587), Horst Schnoor (507), Thomas von Heesen (443), Gert Dörfel (423), Peter Nogly (414), Jürgen Kurbjuhn (406), Ditmar Jakobs (405), Caspar Memering (402), Jochenfritz Meinke (400)

DIE MEISTEN TORE (ALLE PFLICHTSPIELE)

Uwe Seeler (507), Otto Harder (387), Rudi Noack (233), Herbert Wojtkowiak (163), Edmund Adamkiewicz (158), Gert Dörfel (144), Klaus Stürmer (140), Horst Hrubesch (134), Franz Horn (126), Thomas von Heesen (125)

Manfred Kaltz – ist nicht nur der erfolgreichste HSVer, sondern verwandelte auch die meisten Elfmeter, absolvierte die meisten Pflichtspiele … und schoss die meisten Eigentore.

DIE MEISTEN EIGENTORE (BUNDESLIGA)
Manfred Kaltz (6)

ERSTER HSV-HATTRICK (BUNDESLIGA)
Ivica Olic (gegen den VfB Stuttgart 2007)

DIE MEISTEN TORE IN FOLGE (BUNDESLIGA)
Sieben Tore in sieben Spielen hintereinander: Uwe Seeler (1963/64), Rafael van der Vaart (2007/08)

BUNDESLIGA-TORSCHÜTZENKÖNIGE
Uwe Seeler 1963/64 (30 Tore), Horst Hrubesch 1981/82 (27 Tore), Sergej Barbarez 2000/01 (22 Treffer, gemeinsam mit Ebbe Sand vom FC Schalke 04)

BESTER ELFMETERTÖTER (BUNDESLIGA)
Rudi Kargus: 10 Elfmeter für den HSV gehalten (insgesamt 23 von 70 = Bundesligarekord!)

BESTE ELFMETERSCHÜTZEN (BUNDESLIGA)
Manfred Kaltz (53 Treffer bei 60 Versuchen = Bundesligarekord!), Jörg Butt (19 Treffer), Georg Volkert (14)

„FUSSBALLER DES JAHRES“:
Uwe Seeler 1960, 1964, 1970

TORSCHÜTZENKÖNIGE IN DER OBERLIGA
Herbert Wojtkowiak 1950/51 (40 Tore), Günter Schlegel 1954/55 (28 Tore), Uwe Seeler 1954/55 (28 Tore), 1955/56 (32 Tore), 1956/57 (31 Tore), 1958/59 (29 Tore) 1959/60 (36 Tore), 1960/61 (29 Tore), 1961/62 (28 Tore)

Uwe Seeler freut sich über die Auszeichnung als „Fußballer des Jahres“.

Fritz Laband und Jupp Posipal werden als Weltmeister von 1954 mit einer Lambretta und Blumen gefeiert.

Wimpeltausch: Kapitän Uwe Seeler (links) vor dem WM-Finale 1966 gegen England.

Heimfahrer
Bei der WM 1986 in Mexiko war HSV-Keeper Uli Stein als Ersatzmann dabei. Als klar war, dass er an Toni Schumacher nicht vorbeikommen würde, schimpfte er wild: Die Mannschaft sei eine „Gurkentruppe", Teamchef Franz Beckenbauer ein „Suppenkasper". Stein wurde gefeuert und musste nach Hause fliegen.

HSV-SPIELER IM DFB-DRESS

Bereits 1914 streifte sich erstmals ein HSV-Spieler das Nationaltrikot über. Es war der legendäre Mittelstürmer „Tull" Harder. Später trat er gemeinsam mit anderen HSV-Spielern wie Risse, Lang und Beier im DFB-Dress an. Der erste WM-Teilnehmer des HSV war Rudolf Noack (1934). Die HSV-Spieler Jupp Posipal und Fritz Laband wurden 1954 sogar Weltmeister.

Beim Thema „HSV und Nationalmannschaft" denkt man aber natürlich zuerst an Uwe Seeler. Als 17-Jähriger machte er sein erstes Spiel im DFB-Trikot, später war er jahrelang Kapitän. Heute ist er Ehrenspielführer. „Uns Uwe" nahm an vier Weltmeisterschaften teil (1958, 1962, 1966 und 1970), war Vize-Weltmeister 1966 in England, WM-Dritter 1970 in Mexiko und Vierter 1958 in Schweden. Neben Pelé ist er der einzige Spieler, der sich bei vier WM-Turnieren in die Torschützenliste eintragen konnte (21 Spiele, 9 Tore). Sein wohl berühmtestes Tor erzielte er 1970 im WM-Viertelfinale gegen England. In der 82. Minute gelang ihm per „Hinterkopfball" der Ausgleich zum 2:2 (Endstand nach Verlängerung 3:2).

Bei der WM 1962 waren vom HSV neben Seeler auch noch Jürgen Kurbjuhn und Jürgen Werner dabei. Bei den Weltmeisterschaften 1966 und 1970 war Willi Schulz der zweite HSV-Mann neben Seeler. Er überzeugte als Abwehrchef und erhielt für seine famosen Leistungen den Spitznamen „World-Cup-Willi". Ebenfalls an einer WM teilgenommen haben Kargus (1978), Kaltz (1978, 1982), Hieronymus (1982), Hrubesch (1982), Magath (1982, 1986), Jakobs und Stein (1986).

Nach der WM 1986 hatten deutsche Nationalspieler des HSV einen Seltenheitswert. Das änderte sich erst in den letzten Jahren. Bei der WM 2010, als Deutschland den 3. Platz belegte, kamen Piotr Trochowski, Marcell Jansen, Dennis Aogo und Jerome Boateng (bereits mit einem Vertrag bei Manchester City) zum Einsatz.

DIE DEUTSCHEN NATIONALSPIELER DES HSV

(Länderspiele/Tore für den HSV; in Klammern Länderspiele/Tore gesamt; WM = WM-Teilnahme, EM = EM-Teilnahme)

Uwe Seeler 72/43
Manfred Kaltz 69/8, EM
Felix Magath 43/3, EM
Willi Schulz 41/0 (66/0)
Piotr Trochowski 35/2
Jupp Posipal 32/1, WM
Horst Hrubesch 21/6, EM
Ditmar Jakobs 20/1
Wolfgang Rolff 19/0 (37/0)
Otto Fritz Harder 15/14
Albert Beier 11/0
Gert Dörfel 11/7
Hans Lang 8/0
Jerome Boateng 10/0
Ulrich Stein 6/0
Georg Volkert 6/0 (12/2)
Jürgen Kurbjuhn 5/0
Bernd Dörfel 4/1 (15/2)
Heinz Gründel 4/0
Fritz Laband 4/0, WM
Peter Nogly 4/0
Jürgen Werner 4/2
Thomas Doll 3/0 (47/8)
Willi Giesemann 3/0 (14/0)
Holger Hieronymus 3/0
Franz Horn 3/0
Rudi Kargus 3/0
Caspar Memering 3/0
Jürgen Milewski 3/0
Rudi Noack 3/1
Christian Rahn 3/0 (5/0)
Walter Risse 3/0
Edmund Adamkiewicz 2/1
Jörg Albertz 2/0 (3/0)
Friedrich Dörfel 2/1
William Hartwig 2/0
Ingo Hertzsch 2/0
Sven Kmetsch 2/0
Klaus Stürmer 2/1
Dietmar Beiersdorfer 1/0
Wilhelm Blunk 1/0
Hans-Jörg Butt 1/0 (4/0)
Jürgen Groh 1/0 (2/0)
Carl-Heinz Mahlmann 1/0
Karl Politz 1/0
Eduard Wolpers 1/0

Aktive HSV-Spieler:
(Stand: 23.6.2013)

Marcell Jansen 17/2 (37/3)
Dennis Aogo 10/0
Heiko Westermann 5/1 (24/3)
René Adler 1/0 (11/0)

„Europameister" HSV
Eine tragende Rolle spielten HSVer bei der Europameisterschaft 1980. Außenverteidiger Manfred Kaltz, acht Jahre lang Stammspieler in der Nationalelf, war bei der EM eine der Leitfiguren. Und Mittelstürmer Horst Hrubesch schoss im Finale gegen Belgien beide Treffer zum 2:1-Sieg.

Hamburger Jungs bei der WM 2010: Marcell Jansen wird für Jerome Boateng eingewechselt.

Partnervereine
Seit dem Frühjahr 2003 arbeitet die Nachwuchsabteilung des HSV mit Vereinen aus dem Umland zusammen. Dahinter steckt die Idee, möglichst kein Talent aus der Region zu übersehen und ihm gleichzeitig vor Ort eine optimale Ausbildung zu ermöglichen. Die Partnervereine 2012/13 waren Flensburg 08, SV Eichede und MTV Treubund Lüneburg. Die Fußballschule des HSV gastiert aber auch bei vielen anderen Klubs. 2012 waren es über 90.

Erfolgreiche HSV-Talente

Beim HSV spielten in den letzten Jahren zahlreiche Jugend-Nationalspieler. Die größten Erfolge errangen 2009 Robert Labus und Shkodran Mustafi (U17-Europameister mit Deutschland) sowie die beiden Abwehr-Asse Jerome Boateng und Dennis Aogo (U21-Europameister mit Deutschland). Der Nationalspieler Aogo zählt heute zu den Stammspielern des HSV. Von den vielen Talenten, die nach ihm kamen, haben auch der südkoreanische Stürmer Heung-Min Son sowie Maximilian Beister den Durchbruch bei den Profis geschafft. Defensivspieler Zhi Gin Andreas Lam kam im September 2012 zu seinem ersten Bundesliga-Einsatz. Seit Februar 2013 darf auch der DFB-Junioren-Nationalspieler Jonathan Tah, Jahrgang 1996, bei den Bundesliga-Stars mittrainieren. Der 1,92 Meter große Innenverteidiger, der trotz seines jugendlichen Alters sehr reif wirkt und bereits von großen Klubs aus England umworben wird, gilt als wertvollster Rohdiamant aus dem HSV-Nachwuchs. Ein anderes großes Talent des Jahrgangs 1996, Levin Öztunali, hat für die Saison 2013/14 leider einen Vertrag bei Bayer Leverkusen unterschrieben. Als Enkel Uwe Seelers war er in Hamburg einem extremen Erwartungsdruck ausgesetzt. Aber es gibt ja noch andere, noch jüngere Talente wie zum Beispiel das Stürmertalent Finn Porath.

Heung-Min Son, hier als Jugendlicher in einem Trainingslager des HSV, schaffte den Durchbruch bei den Profis.

Jonathan Tah gilt als größtes Nachwuchstalent des HSV. Im Februar 2013 erhielt der gerade 17 Jahre alt gewordene Verteidiger die Erlaubnis, bei den Profis mitzutrainieren.

Jugendfussball

Obwohl sich der HSV seit Jahren um den Nachwuchs bemüht, hat bislang noch keine HSV-Jugendmannschaft einen deutschen Meistertitel gewonnen. Die erste A-Jugendmannschaft spielt in der Gruppe Nord/Nordost der dreigeteilten U19-Bundesliga. Der HSV gehört dieser höchsten Jugend-Liga seit der Gründung im Jahr 2003 an. Die B-Jugend spielt in der Gruppe Nord/Nordost der 2007 eingeführten U17-Bundesliga. Zum Trainerstab der Jugend gehören bekannte Bundesligaspieler. Bei der A-Jugend ist der gebürtige Hamburger und ehemalige HSV-Jugendspieler Otto Addo tätig. Um die Torhüter der A- und B-Jugendmannschaften kümmert sich der ehemalige HSV-Keeper Richard Golz.

Nachwuchsförderung

Auf dem Paul-Hauenschild-Gelände in Ochsenzoll wurde im Jahr 2000 das Nachwuchsleistungszentrum des HSV eröffnet. Es besteht nicht nur aus einer Trainingsanlage, sondern auch aus einem Internat. Die nach einem früheren HSV-Nationalspieler benannte Jürgen-Werner-Schule bietet Platz für 17 Nachwuchsspieler, die nicht aus Hamburg oder der unmittelbaren Umgebung stammen. Den Jungs im Alter zwischen 14 und 19 Jahren wird dort eine Rundumbetreuung angeboten. Nicht nur der Fußball steht im Zentrum, sondern auch die schulische Ausbildung. Seit einiger Zeit bietet der Verein weiteren Jugendlichen, die nicht auf dem Gelände wohnen, die Möglichkeit einer Tagesbetreuung an.

FIFA-Jugendturnier 1954
Im April 1954 fand in Deutschland das siebte FIFA-Jugendturnier statt. 18 A-Jugend-Nationalmannschaften kämpften dabei um den Titel. Das deutsche Team erreichte hinter Spanien Platz 2. Herausragender Spieler und mit 13 Treffern (in sechs Spielen!) erfolgreichster Stürmer des Turniers war übrigens ein 18-jähriger junger Mann namens Uwe Seeler.

Die Jürgen-Werner-Schule für HSV-Nachwuchsspieler.

DIE GRÖSSTEN ERFOLGE DER HSV-FRAUEN

Geschichte des Frauenfußballs
Erste Frauenfußball-Mannschaften gab es in England schon vor 1900. Doch der Widerstand der Männer verhinderte die Verbreitung des Frauenfußballs. Ähnlich war es in Deutschland. Der Deutsche Fußballbund (DFB) verbot seinen Vereinen sogar, Frauenabteilungen zu gründen und Plätze für Frauenteams zur Verfügung zu stellen. Aber die Entwicklung war nicht aufzuhalten, und so musste der DFB 1970 den Frauen offiziell das Fußballspielen erlauben.

Die 1971 gegründete Frauenfußballabteilung des Hamburger SV umfasst heute zwei Frauen- und sechs Mädchenmannschaften. Die 1. Mannschaft spielte lange Zeit in der Bundesliga. Zur Saison 2012/13 wurde sie jedoch aus finanziellen Gründen zurückgezogen. In der Regionalliga Nord bemüht sich nun der ehemalige Profitorwart Frank Rost als Trainer um einen Neuaufbau des Teams.
Ihren ersten größeren Erfolg konnten die HSV-Frauen 1975 feiern, als sie die Hamburger Meisterschaft gewannen. Dann aber folgte eine lange Durststrecke. Erst 1990 konnten sich die HSV-Frauen den zweiten Meistertitel in Hamburg sichern. Der Aufstieg in die neu eingeführte Bundesliga gelang 1997. Nach mehreren Ab- und Aufstiegen kehrten die HSV-Frauen 2003 in die Bundesliga zurück und spielten dort bis 2012, als sie in ihrer bislang letzten Saison den 9. Platz belegten, eine gute Rolle.
Der größte Erfolg in der Geschichte der HSV-Frauen war das Erreichen des DFB-Pokalfinales 2002. Im Halbfinale besiegten die HSVerinnen die starken „Turbinen" aus Potsdam mit 3:2. Erst im Finale war dann Schluss. Gegen den Frauen-Rekordmeister 1. FFC Frankfurt verloren die Spielerinnen in den roten Hosen mit 0:5.

DIE BESTEN HSV-SPIELERINNEN

Antonia „Toni" Schmale, die privat als Punkerin mit Rastalocken auftrat, war die erste Nationalspielerin des HSV. Tanja Vreden, eine schnelle und dribbelstarke Angreiferin, bestritt 1998/99 sechs Länderspiele. Ihre Karriere in der Nationalmannschaft war nur kurz, aber beim HSV entwickelte sie sich zur wichtigsten Spielerin. 2003/04 und 2005/06 erzielte Vreden 17 Tore in der Bundesliga und zählte damit zu den torgefährlichsten deutschen Spielerinnen. Britta

Die Wolfgang-Meyer-Sportanlage, die Heimat der HSV-Fußballerinnen. Tanja Vreden, eine der wichtigsten Spielerinnen des HSV.

Carlson, Dirigentin im Mittelfeld, und Sarah Günther, eine schnelle und technisch starke Abwehrspielerin, schafften als HSV-Spielerinnen ebenfalls den Sprung in die Nationalmannschaft.
Star des Teams war bis Sommer 2011 die quirlige Angreiferin Kim Kulig. Als sie 2008 vom VfL Sindelfingen zum HSV wechselte, hatte sie schon viele Länderspiele für die Jugendteams des DFB bestritten. Im September 2009 gewann sie mit der Nationalmannschaft die Europameisterschaft. Im Finale gegen England erzielte sie den Treffer zum 3:1 der deutschen Mannschaft. Einen weiteren großen Erfolg erreichte Kulig mit der U20-Nationalmannschaft, die am 1. August 2010 bei der U20-WM das Finale gegen Nigeria mit 2:0 gewann. Zur Saison 2011/12 wechselte sie leider zum 1. FFC Frankfurt.

Auch in der Nationalelf erfolgreich: die ehemalige HSVerin Kim Kulig. Hier bejubelt sie ihr Tor zum 2:0 im Halbfinale der U20-WM 2010 gegen Südkorea.

Fallrückzieher gegen Klaus Fischer
Am 28. November 1987 trat die damals 12-jährige Sandra Kopitzky, eine spätere HSV-Spielerin, bei *Wetten, dass…?* an. Sie behauptete, innerhalb von zwei Minuten mehr Bälle per Fallrückzieher im Tor unterbringen zu können als Schalkes Stürmerstar Klaus Fischer, der als der größte Könner auf diesem Gebiet galt. Klaus Fischer war dann aber doch besser.

Lexikon der HSV-Trainer (Auswahl)

HSV-Trainer seit Oktober 2011: Thorsten Fink.

Agte, Rudolf (*11.9.1891 †18.5.1971). Betreute zunächst als Spielertrainer und dann als eine Art Manager die Mannschaft und gilt als erster „Meistermacher" des HSV (1923).

Doll, Thomas (*9.4.1966). Ehemaliger Nationalspieler und HSV-Amateurtrainer, übernahm im Oktober 2004 die Profimannschaft. Er führte sie vom letzten Tabellenplatz wieder nach oben. In der Saison 2005/06 wurde er mit dem HSV Dritter. Nachdem im Sommer 2006 (zu) viele gute Spieler den Verein verlassen hatten, folgte der Absturz und die Trainerentlassung.

Fink, Thorsten (*29.10.1967). Der ehemalige Profi von Bayern München holte in der Schweiz mit dem FC Basel zwei Meistertitel und führte den Verein damit auch in die Champions League. Am 17. Oktober 2011 übernahm Fink den Trainerposten in Hamburg. Seitdem baut er ein neues HSV-Team auf, das möglichst bald wieder in der Champions League mitspielen soll.

Happel, Ernst (*29.11.1925 †14.11.1992). Bis heute der erfolgreichste HSV-Trainer aller Zeiten. Als der Wiener 1981 zum HSV kam, hatte er mit Feyenoord Rotterdam bereits den Europapokal gewonnen. Sechs Jahre lang blieb er beim HSV, länger als jeder andere Trainer zu Bundesligazeiten. Der „Grantler", der mit Journalisten stets nur wenige Worte sprach, hatte auf Anhieb Erfolg. Schon in seiner ersten Saison holte er den Meistertitel. Im Jahr darauf führte er die Mannschaft um Kaltz und Magath zum Sieg im Europapokal der Landesmeister. Und zum Abschluss seiner Tätigkeit holte er 1987 noch den DFB-Pokal.

Jara, Kurt (*14.10.1950). Österreicher, qualifizierte sich mit dem HSV 2003 für den UEFA-Cup, scheiterte in der folgenden Saison.

Jol, Martin (*16.1.1956). Niederländer, wirkte immer cool. Führte den HSV 2009 auf Platz 5 und verschwand wieder.

Klötzer, Kuno (*19.4.1922). Kam nach der Ära Uwe Seeler und baute von 1973 bis 1977 ein neues Team auf. Der knorrige „Ritter Kuno" ließ sich durch nichts aus der Ruhe bringen und führte den HSV nach langer Durststrecke endlich wieder zu Erfolgen. Nach dem Pokalsieg 1976 gelang im Jahr darauf sogar der Sieg im Europapokal der Pokalsieger.

Knöpfle, Georg (*15.5.1904 †14.12.1987). Im Schwarzwald aufgewachsener früherer Nationalspieler, trainierte den HSV von 1949 bis 1954. Unter ihm gewannen die Hamburger viermal hintereinander die Nordmeisterschaft.

Mahlmann, Günther (*8.10.1908 †26.8.1975). Zeigte sich als sehr strenger Fußballlehrer. Er begann als Jugendtrainer und verlangte von seinen Schützlingen strammen Gehorsam. Später wurde er Teammanager und Trainer der HSV-Oberligamannschaft. 1960 führte er die Mannschaft um Uwe Seeler zur Meisterschaft.

Oenning, Michael (*27.9.1965). Der ehemalige Co-Trainer von Armin Veh übernahm das Training im März 2011. Bereits im September, nach 13 sieglosen Bundesligaspielen in Folge, wurde der leidenschaftliche Klavierspieler entlassen.

Pagelsdorf, Frank (*5.2.1958). Der HSV-Bundesliga-Trainer mit der zweitlängsten Dienstzeit nach Ernst Happel. Sein größter Erfolg war der 3. Platz im Jahr 2000 und damit der Einzug in die Champions League. Doch nur ein Jahr später wurde er wegen Erfolglosigkeit vorzeitig entlassen.

Stevens, Huub (*29.11.1953). Der Niederländer schaffte 2008 Platz 4 in der Bundesliga und zog sich dann aus privaten Gründen zurück.

Toppmöller, Klaus (*12.8.1951). Ehemaliger Torjäger, führte den HSV 2004 in den UI-Cup, scheiterte in der folgenden Saison.

Veh, Armin (*1.2.1961). Der Stuttgarter Meistertrainer von 2007 unterschrieb einen Vertrag bis zum 30. Juni 2012. Weil es ihm beim HSV zu chaotisch zuging, wollte er schon ein Jahr früher aus dem Vertrag aussteigen. Dazu kam es nicht mehr, denn er wurde bereits im März 2011 entlassen.

Wilke, Martin (*15.11.1926). Gymnasiallehrer, erster Bundesligatrainer des HSV. Musste nach einem knappen Jahr wegen Erfolglosigkeit wieder gehen.

Zebec, Branco (*17.5.1929 †26.9.1988). Ehemaliger jugoslawischer Nationalspieler, kam 1978 und führte den HSV sofort zur Meisterschaft. Der äußerst strenge Trainer war ein international anerkannter Fachmann. Leider konnte er seine Fähigkeiten beim HSV nicht lange zeigen. Wegen gesundheitlicher Probleme musste er sein Amt im Dezember 1980 aufgeben.

Liste aller HSV-Trainer in zeitlicher Reihenfolge seit 1963

Martin Wilke 7/1963 – 5/1964
Georg Gawliczek 7/1964 – 4/1966
Josef Schneider 4/1966 – 6/1967
Kurt Koch 7/1967 – 6/1968
Georg Knöpfle 7/1968 – 6/1970
Klaus-Dieter Ochs 7/1970 – 6/1973
Kuno Klötzer 7/1973 – 6/1977
Rudi Gutendorf 7/1977 – 10/1977
Arkoc Özcan 10/1977 – 6/1978
Branko Zebec 7/1978 – 12/1980
Aleksandar Ristic 12/1980 – 6/1981
Ernst Happel 7/1981 – 6/1987
Josip Skoblar 7/1987 – 11/1987
Willi Reimann 11/1987 – 1/1990
Gerd-Volker Schock 1/1990 – 3/1992
Egon Coordes 3/1992 – 9/1992
Benno Möhlmann 9/1992 – 10/1995
Felix Magath 10/1995 – 5/1997
Ralf Schehr 5/1997 – 6/1997
Frank Pagelsdorf 7/1997 – 9/2001
Holger Hieronymus 9/2001 – 10/2001
Kurt Jara 10/2001 – 10/2003
Klaus Toppmöller 10/2003 – 10/2004
Thomas Doll 10/2004 – 2/2007
Huub Stevens 2/2007 – 6/2008
Martin Jol 7/2008 – 5/2009
Bruno Labbadia 7/2009 – 4/2010
Ricardo Moniz 4/2010 – 6/2010
Armin Veh 7/2010 – 3/2011
Michael Oenning 3/2011 – 9/2011
Thorsten Fink seit 10/2011

Der erfolgreichste HSV-Trainer aller Zeiten: Ernst Happel.

LEXIKON DER HSV-SPIELER (AUSWAHL)

Abkürzungen: DFB = Pokalsieg, DM = Deutsche Meisterschaft, CL = Champions League/ Europapokal der Landesmeister, PS = Europapokal der Pokalsieger. In Klammern: Zeitraum beim HSV, Spiele/Tore für den HSV. OL = Oberliga, BL = Bundesliga, G = Gesamt (sämtliche Plichtspiele, vor 1945).
(Stand: 18.5.2013)

Jörg Albertz

Karsten Baron

Rodolfo Esteban Cardoso

A

Adamkiewicz, Edmund (*21.4.1920 †4.4.1991). Vielseitiger Wandervogel mit Offensivqualitäten (1939-51, OL 98/73).

Adler, René (*15.1.1985). Super Torwart, trug schon den DFB-Adler auf der Brust (2012-13, BL 32/0).

Albertz, Jörg (*29.1.1971). Rotblonder „Ali" mit ordentlichem Wumms (1993-96, 2001-03, BL 127/28).

Arslan, Tolgay (*16.8.1990). Deutsch-türkisches Mittelfeldtalent aus Paderborn (2009-13, BL 38/1).

Aogo, Dennis (*14.1.1987). Begabter Außenbahnspieler, Sohn eines Nigerianers (2008-13, BL 131/2).

Atouba, Thimothée (*17.2.1982). Schlaksiger Außenverteidiger und Vortänzer aus Kamerun (2005-09, BL 83/1).

B

Badelj, Milan (*25.2.1989). Spielstarker Sechser aus Kroatien (2012-13, BL 31/1).

Bähre, Harry (*22.7.1941). Besitzer des Spielerpasses mit der Lizenznummer 001 (1960-67, OL 32/5, BL 78/2).

Barbarez, Sergej (*17.9.1971). Vielseitiger Offensivspieler aus Bosnien (2000-06, BL 174/65).

Bäron, Karsten (*24.4.1973). Kopfballstarker „Air", leider oft verletzt (1992-2000, BL 124/39).

Bastrup, Lars (*31.7.1955). Dänischer Stürmer mit schütterem Haar, torgefährlich (1981-83, BL 59/18). 2 x DM, 1 x CL

Beckenbauer, Franz (*11.9.1945). Bayern-„Kaiser", beendete beim HSV seine Laufbahn (1980-82, BL 28/0). 1 x DM

Beier, Albert „Ali" (*28.9.1900 †21.9.1972). Über zehn Jahr lang ein souveräner Verteidiger (1921-33, G 262). 2 x DM

Beiersdorfer, Dietmar (*16.11.1963). Unverwüstlicher „Didi" in der Innenverteidigung (1986-92, BL 174/14). 1 x DFB

Bein, Uwe (*26.9.1960). Der Mittelfeld-Mann mit dem „tödlichen Pass" (1987-89, BL 52/22).

Beister, Maximilian (*6.9.1990). HSV-Jugendspieler, über Düsseldorf in den Profikader aufgerückt (2009-10, 2012-13, BL 25/3).

Ben-Hatira, Änis (*18.7.1988). Laufstarker Offensiv-Allrounder mit Abstammung aus Tunesien (2007-11, BL 28/3).

Benjamin, Collin (*3.8.1978). Bulliger Defensiv-Allrounder aus Namibia (2001-11, BL 146/13).

Berg, Marcus (*17.8.1986). Junger Stürmer aus Schweden, hofft auf Tore. (2009-10, 2011-13, BL 54/5).

Bertl, Horst (*24.3.1947). Mittelfeldspieler aus Bremerhaven, wanderte in die USA aus (1974-79, BL 114/25). 1 x DM, 1 x DFB, 1 x PS

Bester, Marinus (*16.1.1969). Schlaksiger Mittelstürmer, heute HSV-Teammanager (1992/93, 2000/01, BL 32/5).

Bierhoff, Oliver (*1.5.1968). Nationalmannschafts-Manager mit kurzer HSV-Geschichte (1988/89, BL 34/6).

Bjørnmose, Ole (*7.5.1944 †5.9.2006). Dauerläufer aus Dänemark, Publikumsliebling (1971-77, BL 186/31). 1 x DFB, 1 x PS

Blunk, Friedrich Wilhelm (*12.12.1902 †25.10.1975). Meister-Torhüter von 1928, wurde „Fiete" genannt (1925-33, G 184). 1 x DM

Boateng, Jerome (*3.9.1988). Vielseitiger Abwehrspieler, ging zum englischen Klub Manchester City (2007-10, BL 75/0).

Boulahrouz, Khalid (*28.12.1981). Niederländischer Innenverteidiger marokkanischer Abstammung (2004-06, BL 52/1).

Breuel, Ludwig (*30.5.1897†??.10.1973). Begeisterte als Torjäger an der Seite „Tull" Harders (1920-25, G 91/97). 1 x DM

Buljan, Ivan (*11.12.1949). Supercooler Defensivspieler aus Kroatien (1977-81, BL 103/22). 1 x DM

Butt, Hans-Jörg (*28.5.1974). Torjäger im Tor: in drei Jahren 19 Elfmeter-Treffer (1997-2001, BL 133/19).

Buyten, Daniel van (*7.2.1978). Belgischer Abwehrriese (1,97 Meter) mit tollem Kopfballspiel (2004-06, BL 61/7).

C

Cardoso, Rodolfo Esteban (*17.10.1968). Spielmacher aus Argentinien, seit 2008 im Trainerstab des HSV (1996-2004, BL 111/17).

Carlsson, Otto (*16.12.1901 †1.3.1982). Kampfstarker Schwede, spielte zwischendurch auch in seiner Heimat (1922-34, G 199/2). 2 x DM

D

Dehn, Horst (*20.8.1937 †7.9.2005). Zuverlässiger Halbstürmer, wurde „Hoddl" genannt (1958-66, OL 106/2, BL 34/6). 1 x DM, 1 x DFB

Demel, Guy (*13.6.1981). Athletischer Außenverteidiger, Nationalspieler der Elfenbeinküste (2005-11, BL 131/2).

Diekmeier, Dennis (*20.10.1989). Pfeilschneller Flankengeber auf dem rechten Flügel (2010-13, BL 64/0).

Doll, Thomas (*9.4.1966). Beliebter Dribbelkünstler mit Weltklasse-Format (1990/91, 1998-2001, BL 74/4).

Dörfel, Bernd (*18.12.1944). Schneller Rechtsaußen, kleiner Bruder von „Charly" (1963-68, BL 88/17).

Dörfel, Friedo (*19.2.1915 †8.11.1980). Schoss als Stürmer 103 Tore in 225 Pflichtspielen (1934-48).

Dörfel, Gert „Charly" (*18.9.1939). „Flankengott" auf Linksaußen, beliebter Clown. (1958-71,OL 101/50, BL 224/58). 1 x DM, 1 x DFB

Dörfel, Richard (*23.11.1911 †27.4.1965). Vielseitiger Chef auf dem Platz, 237 Pflichtspiele, 75 Tore (1931-48).

Drobny, Jaroslav (*18.10.1979). Tschechischer Nationaltorwart, beim HSV zweiter Mann (BL 2010-13, 39/0).

E

Eck, Armin (*8.12.1964). Trickreicher Techniker aus der Bierstadt Kulmbach (1989-94, BL 129/19).

Eigl, Kurt (*7.3.1954). Medizinstudent und "Flanken-Kurt" (1972-78, BL 66/13). 1 x DFB

Elia, Eljero (*13.2.1987). Raketenschneller Tempo-Dribbler aus den Niederlanden (2009-11, BL 52/7).

F

Fischer, Andreas (*20.10.1964). Kampflustiger Mittelfeldspieler, gab immer 100 Prozent (1994 – 2001, BL 152/7).

Furtok, Jan (*9.3.1962). Polnischer Stürmer; schnell, wendig, torgefährlich (1988-93, BL 135/51).

G

Giesemann, Willi (*2.9.1937). Eisenharter Abwehrspieler, kam über den FC Bayern nach Hamburg (1963-68, BL 104/13). 1 x DFB

Golz, Richard (*5.6.1968). Sympathischer Riese (1,99 Meter) im HSV-Tor (1987-98, BL 273/0).

Groh, Jürgen (*17.7.1956). Ein sagenhaftes Laufwunder im HSV-Mittelfeld (1980-85, BL 154/4). 2 x DM, 1 x CL

Groth, Martin (*20.10.1969). Mittelfeldspieler mit Hammer-Torschuss (1998 – 2003, BL 80/10).

Gründel, Heinz (*13.2.1957). Rechter Flügelflitzer, listig und schnell (1985-88, BL 62/14). 1 x DFB

Guerrero, Paolo (*1.1.1984). „Kleiner Krieger", Nationalstürmer aus Peru (2006-12, BL 134/37).

H

Halvorsen, Asbjørn (*3.12.1898 †16.1.1955). Blonder Norweger, als Mittelläufer jahrelang der Mittelpunkt (1921-33, G 233/19). 2 x DM

Harder, Otto Fritz „Tull" (*25.11.1892 †4.3.1956). Bulliger „König der Mittelstürmer" in den 1920er Jahren (1919-31, G 211/387). 2 x DM

Hartwig, William „Jimmy" (*5.10.1954). Mittelfeldrackerer, Spaßvogel, Publikumsliebling, Sänger (1978-84, BL 182/52). 3 x DM, 1 x CL

Heesen, Thomas von (*1.10.1961). Eleganter Techniker mit ewig langer HSV-Karriere (1980-94, BL 368/99).

Hertzsch, Ingo (*22.7.1977). Kompromissloser Abwehr- und Defensivspieler (1997 – 2003, BL 151/1).

Hidien, Peter (*14.11.1953). Zehn Jahre lang der „schwarze Peter" beim HSV (1972-82, BL 214/9). 2 x DM, 1 x DFB, 1 x PS

Hieronymus, Holger (*22.2.1959). Blonder Libero, galt als Nachfolger Beckenbauers (1979-85, BL 121/7). 2 x DM, 1 x CL

Hollerbach, Bernd (*8.12.1969). Dynamischer „Eisenfuß" und Dauerbrenner auf der linken Abwehrseite (1995 – 2004, BL 197/4).

Homp, Tobias (*31.10.1963). Zuverlässiger Abwehrmann aus Kiel (1985-89, BL 80/3). 1 x DFB

Hönig, Franz-Josef „Bubi" (*10.7.1942). Kapitän und erfolgreicher Torschütze (1967-74, BL 205/62).

Hoogma, Nico-Jan (*26.10.1968). Niederländisches Abwehr-Ass, jahrelang Stammspieler (1998-2004, BL 177/13).

Horn, Franz (*26.8.1904 †3.10.1963). Spielmacher mit Zug zum Tor (1926-32, G 109/126). 1 x DM

Hrubesch, Horst (*17.4.1951). Kopfball-Ungeheuer, sonst sehr nett (1978-83, BL 159/96). 3 x DM, 1 x DFB, 1 x CL

IJ

Ivanauskas, Valdas (*31.7.1966). „Ivan, der Schreckliche" im HSV-Sturm (1993-97, BL 91/13).

Jakobs, Ditmar (*28.8.1953). Immer cooler „Mister Zuverlässig" in der HSV-Abwehr (1979-89, BL 323/27). 2 x DM, 1 x DFB, 1 x CL

Janes, Paul (*11.3.1912 †12.6.1987). Rekordnationalspieler, kurze Zeit am Rothenbaum (1941/42, G 31/6).

Jansen, Marcell (*4.11.1985). Linksverteidiger mit großem Offensivdrang (2008-13, BL 116/17).

Jarolim, David (*17.5.1979). Ballsicherer Tscheche, unermüdlicher Antreiber (2003-12, BL 257/14).

Jiracek, Petr (*2.3.1986). Langhaariger Kämpfer aus Tschechien (2012-13, BL 13/1).

Jong, Nigel de (*30.11.1984). Mittelfeld-Abräumer, Rekordverkauf des HSV (18 Mio. Euro) (2006-08, BL 59/2).

Jusufi, Sascha (*20.1.1963). Defensiver Mittelfeldspieler mit klugem Passspiel (1986-91, BL 112/12). 1 x DFB

Bernd Hollerbach

Die beste HSV-Elf aller Zeiten
Fans des HSV wählten im Jahr 2004 ihre „beste HSV-Elf aller Zeiten". Heraus kam eine sehr offensive Elf mit vier Stürmern.
Tor: Stein
Abwehr: Kaltz, Posipal, Jakobs
Mittelfeld: Magath, von Heesen, Keegan
Sturm: Bäron, Seeler, Hrubesch, G.Dörfel
Trainer: Ernst Happel

Klaus Neisner

Felix Magath

Uwe Reuter

K

Kaltz, Manfred (*6.1.1953). Erfinder der „Bananenflanke“, *der* Verteidiger des HSV (1971-89, BL 581/76). 3 x DM, 2 x DFB, 1 x PS, 1 x CL

Kargus, Rudolf (*15.8.1952). Berühmtester Elfmetertöter der Bundesliga (1971-80, BL 254/0). 1 x DM, 1 x DFB, 1 x PS

Kastl, Manfred (*23.9.1965). Blonder Strafraumstürmer mit gutem Kopfballspiel (1986-88, BL 37/17). 1 x DFB

Keegan, Kevin (*14.2.1951). Kleine englische Maus (1,69 Meter), brachte Weltklasse nach Hamburg (1977-80, BL 90/32). 1 x DM

Klepacz, Franz (*10.10.1926). Linksaußen, später Linksverteidiger (1951-60, OL 201/22).

Kmetsch, Sven (*13.8.1970). Sächsische Kampfmaschine im Mittelfeld (1995-98, BL 80/4).

Kober, Carsten (*11.10.1967). Manndecker, neun Jahre lang „Meister der Grätsche“ (1987-96, BL 223/1).

Kroth, Thomas (*26.8.1959). Hesse in der Mittelfeld-Zentrale (1985-88, BL 73/6). 1 x DFB

Krug, Gerhard (*5.8.1936 †12.6.2011). Ließ als Außenverteidiger nichts anbrennen (1956-66, OL 176/37, BL 64/4). 1 x DM, 1 x DFB

Kurbjuhn, Jürgen (*26.7.1940). Als linker Verteidiger in der Bundesliga eine feste Größe (1960-72, OL 78/1, BL 242/10). 1 x DFB

L

Laband, Fritz (*1.11.1925 †3.1.1982). HSV-Stammverteidiger, WM-Teilnehmer 1954 (1950-56, OL 122/0).

Lam, Zhi Gin Andreas (*4.6.1991). Vielseitiger Deutsch-Chinese auf der rechten Seite (2011-13, BL 11/0).

Lang, Hans (*8.2.1899 †25.4.1943). Fürther Ballkünstler im HSV-Mittelfeld, später Trainer (1924-31, G 125/5). 1 x DM

Letchkov, Yordan (*9.7.1967). Exzellenter Spielgestalter aus Bulgarien (1992-96, BL 101/11).

Lux, Peter (*4.10.1962). Raucher, machte im Mittelfeld Dampf (1985-87, BL 56/7). 1 x DFB

M

Magath, Felix (*26.7.1953). Spielmacher und begnadeter Linksfuß (1976-86, BL 306/46). 3 x DM, 1 x PS, 1 x CL

Mahdavikia, Mehdi (*24.7.1977). Dribbelstarker Iraner auf der rechten Außenbahn (1999-2007, BL 211/26).

Mahlmann, Carl-Heinz (*17.9.1907 †7.11.1965). Mittelfeld- und Nationalspieler, später Präsident (1929-34, G 124/3).

Mathijsen, Joris (*5.4.1980). Niederländer in der Innenverteidigung (2006-11, BL 146/6).

Meinke, Jochen (*23.10.1930). Dauerbrenner, Abwehrchef und vorbildlicher Mannschaftskapitän (1949-65, OL 307/10). 1 x DM

Memering, Caspar (*1.6.1953). Der „Cappi“ mit feiner Technik und nimmermüdem Einsatz (1971-82, BL 303/37). 2 x DM, 1 x DFB, 1 x PS

Milewski, Jürgen (*19.10.1957). Kleines Schlitzohr, trickreich, frech und immer unter Strom (1979-85, BL130/48). 2 x DM, 1 x CL

N

Neisner, Klaus (*10.5.1936). „Micky“ auf Rechtsaußen, gebürtiger Berliner (1957-63, OL 78/27). 1 x DM

Nistelrooy, Ruud van (*1.7.1976). „Van the Man“ – Weltklassestürmer aus den Niederlanden (2010-11, BL 36/12).

Noack, Rudi (*30.3.1913 †30.6.1947). Unglaublicher Torjäger mit 233 Treffern in 193 Pflichtspielen (1931-45).

Nogly, Peter (*14.1.1947). Kapitän und „Eiche“, zuverlässig und kompromisslos in der Abwehr (1969-80, BL 320/38). 1 x DM, 1 x DFB, 1 x PS

O

Okonski, Miroslav (*8.12.1958). Kam als polnischer Torschützenkönig zum HSV (1986-88, BL 62/15). 1 x DFB

Olic, Ivica (*14.9.1979). Kroatischer Stürmer, ackerte bis zum Umfallen (2007/08, BL 47/19).

Özcan, Arkoc (*2.10.1939). Türkischer Torhüter, später HSV-Trainer (1967-75, BL 159/0).

P

Petric, Mladen (*1.1.1981). Schweizerischer Kroate, technisch exzellenter Stürmer (2008-12, BL 99/38).

Piechowiak, Erwin (*15.11.1936). Als Verteidiger immer mit vollem Einsatz unterwegs (1957-66, OL 101/4, BL 36/2). 1 x DM

Pieckenhagen, Martin (*15.11.1971). Torwart mit Übersicht und guten Reflexen (2001-05, BL 100/0).

Pitroipa, Jonathan (*12.4.1986). Pfeilschneller und eleganter Trickser aus Burkina Faso (2008-11, BL 74/6).

Politz, Carl (*14.8.1903 †5.9.1987). Linksaußen mit Länderspiel-Einsatz (1932-35, G 62/21).

Posipal, Josef (*20.6.1927 †21.2.1997). Verteidiger, der einzige HSV-Spieler im Finale der WM 1954 (1949-1958, OL 250/13).

Präger, Roy (*22.9.1971). Schneller und trickreicher Stürmer aus Brandenburg (1999-2002, BL 83/18).

R

Rahn, Christian (*15.6.1979). Kam vom FC St. Pauli, Joker im HSV-Sturm (2002-04, 45/8).

Rajkovic, Slobodan (*3.2.1989). Serbischer Innenverteidiger, kann grob sein (2011-13, BL 29/1).

Rave, Hans (*19.4.1903 †10.8.1977). Etwas dicklicher Linksaußen, sorgte für Flanken am Fließband (1921-1931, G 169/62). 2 x DM

Reimann, Willi (*24.12.1949). Nachfolger von Uwe Seeler, später Trainer (1974-81, BL 175/49). 1 x DM, 1 x DFB, 1 x PS

Reinhardt, Bastian (*19.11.1975). Geradlinig, solide, unerschütterlich im Abwehrzentrum (2003-10, BL 132/9).

Reuter, Uwe (*27.11.1934). Schneller Rechtsaußen mit guter Trefferquote (1956-64, OL 126/49). 1 x DM, 1 x DFB

Rincon, Tomas (*13.1.1988). Eleganter Mittelfeld-Abräumer aus Venezuela (2009-13, BL 84/0).

Ripp, Hans-Jürgen (*24.6.1946). Säbelbeiniger Abwehrspieler aus Niendorf (1970-79, BL 177). 1 x DM, 1 x DFB, 1 x PS

Risse, Walter (*2.12.1893 †29.8.1969). Für viele Jahre eine Bank als linker Verteidiger (1923-33, G 233). 1 x DM

Rohde, Frank „Wuschi" (*2.3.1960). Umsichtiger Abwehr-Leitwolf, kam aus Rostock (1990-93, BL 103/7).

Rolff, Wolfgang (*26.12.1959). Langhaariger Staubsauger vor der Abwehr (1982-86, BL 129/24). 1 x DM, 1 x CL

Romeo, Bernardo (*10.9.1977). „Bernigol", der Argentinier mit Torriecher (2002-04, BL 77/35).

Rost, Frank (*30.6.1973). Chef im Tor und Chef der Mannschaft (2006-11, BL 149/0).

Rudnevs, Artjoms (*13.1.1988). Mittelstürmer aus Lettland, leidenschaftlicher Kämpfer (2012-13, BL 34/12).

S

Salihamidzic, Hasan (*1.1.1977). Wieselflinkes Bürschchen an der Seitenlinie (1996-98, BL 72/19).

Sandmann, Helmut (*21.12.1944). „Ratte" war als Verteidiger immer am Gegner dran (1965-73, BL 195/2).

Schnoor, Horst (*11.4.1934). Jahrelang die unumstrittene Nummer 1 im HSV-Tor, (1952-67, OL 293/2, BL 106/0). 1 x DM, 1 x DFB

Schnoor, Stefan (*18.4.1971). Kopfballstarker Kämpfer in der Abwehr (1988-98, BL 131/8).

Schulz, Willi (*4.10.1938). Der „World-Cup-Willi" mit unerbittlicher Grätsche (1965-73, BL 211/3).

Seeler, Dieter (*15.12.1931 †21.9.1979). Mittelfeldspieler, älterer Bruder von Uwe (1955-66, OL 208/47, BL 28/2). 1 x DM, 1 x DFB

Seeler, Erwin (*29.4.1910 †11.7.1997). „Vadder" von Dieter und Uwe, genannt „Old Erwin" (1938-48, G 200/37, davon OL 28/8).

Seeler, Uwe (*5.11.1936). „Uns Uwe", größtes HSV-Idol, sagenhafter Torjäger (1954-72, OL 237/266, BL 239/137). 1 x DM, 1 x DFB

Skjelbred, Per (*16.6.1987). Blonder Offensivspieler, größtes Fußballtalent Norwegens (2011-13, BL 26/0).

Son, Heung-Min (*8.7.1992). Südkoreanisches Stürmerjuwel (2010-13, 73/20).

Sperlich, Hans-Jürgen (*29.2.1948). Schneller „Spatz" mit Ballgefühl (1973-77, BL 78/11). 1 x DFB, 1 x PS

Spörl, Harald (*31.10.1966). „Lumpi" aus Bamberg, fand in Hamburg eine Heimat (1987 – 2000, BL 321/61).

Spundflasche, Heinz (*4.12.1919 †6.11.1972). Dürrer Ballartist, Hamburgs beliebtester Sportler (1933-52, OL 127/35).

Stein, Ulrich (*23.10.1954). So undurchlässig wie eine (Stein-)Mauer im Tor (1980-87 und 1994/95, BL 228/0). 2 x DM, 1 x DFB, 1 x CL

Stürmer, Klaus (*9.8.1935 †1.6.1971). Bildete mit Uwe Seeler ein Duo im HSV-Sturm, (1953-61, OL 158/114). 1 x DM

Uwe Seeler

T

Takahara, Naohiro (*4.6.1979). In Japan ein Starstürmer, in Hamburg ein Chancentod (2003-06, BL 97/13).

Trochowski, Piotr (*22.3.1984). Dynamischer Dribbler und super Freistoßschütze (2005-11, BL 180/20).

UV

Ujfalusi, Tomas (*24.3.1978). Langmähniger Abwehr-Tscheche, immer mit Stirnband (2000-04, BL 105/2).

Vaart, Rafael van der (*11.2.1983). Niederländischer Engel mit einem goldenen linken Fuß (2005-08, 2012-13, 101/34).

Volkert, Georg (*28.11.1945). Trickreicher Flügelflitzer, kam aus Franken an die Waterkant (1971-78, BL 214/62). 1 x DFB, 1 x PS

W

Wehmeyer, Bernd (*6.6.1952). Wurde „Fummel" genannt, super Verteidiger (1978-85, BL183/10). 3 x DM, 1 x CL

Werner, Jürgen (*15.8.1935 †27.5.2002). Außenläufer im Meisterteam 1960 (1956-63, OL 171/14). 1 x DM

Westermann, Heiko (*14.8.1983). Vielseitiger Defensivmann mit viel Routine (2010-13, BL 101/6).

Wicky, Raphael (*26.4.1977). Schweizer, der im Mittelfeld die Fäden zog (2001-07, BL 126/4).

Winkler, Klaus „Johnny" (*25.5.1949 †4.9.1985). Lebte nicht wie ein Profi, war aber als Libero richtig gut (1971-77, BL 117/10). 1 x DFB, 1 x PS

Wojtkowiak, Herbert (*11.1.1922 †23.11.1990). Torjäger der Extraklasse (1948-56, OL 188/134).

Wolpers, Eduard (*2.8.1894 †23.11.1976). Ballschlepper aus Hannover, Nationalspieler (1926-27, G 22/13).

Wulf, Peter (*13.03.1938 †28.07.1995). Schlaksiger Halbstürmer mit Torriecher (1958-66, OL 93/59, BL 44/15).

Eduard Wolpers

YZ

Yeboah, Anthony (*6.6.1966). Torgefährlicher Mittelstürmer aus Ghana (1997 – 2001, BL 100/28).

Zaczyk, Klaus (*25.5.1945). Neun Jahre im HSV-Mittelfeld auf Zack (1969-78, BL 262/47). 1 x DFB, 1 x PS

Ziegenspeck, Heini (*16.2.1897 †2.10.1962). In Indien geborener Stürmer, traf in fast jedem Spiel (1921-31, G 74/72). 1 x DM

Zoua, Jacques (*6.9.1991). Junger Stürmer aus Kamerun, von Trainer Fink beim FC Basel entdeckt (2013-14).

Anthony Yeboah

WIE WERDE ICH HSV-PROFI?

Rund 300 Nachwuchsspieler kicken im Trikot des HSV. Von ihnen werden aber nur maximal fünf den Sprung zu den Profis schaffen. Dabei ist es schon schwer genug, in eine der Jugendmannschaften des HSV zu kommen. Leider kann man nicht einfach so ein Probetraining absolvieren. Um ein HSV-Spieler zu werden, gibt es aber andere Möglichkeiten:
In jedem Jahr finden von Ende April bis Ende Mai die **HSV Young Talent Days** statt. Diese Fußballtage für Jugendliche zwischen 11 und 14 Jahren werden bei Vereinen im Hamburger Umland veranstaltet. Die Anmeldungen laufen dabei direkt über die ausrichtenden Vereine. Die besten Spieler erhalten eine Einladung zum Probetraining beim HSV.
Für junge Fußballer zwischen 8 und 16 richtet der HSV zusammen mit dem Arriba Erlebnisbad aus Norderstedt jedes Frühjahr die **HSV-Arriba-Try-Outs** aus. Die Besten erhalten die Möglichkeit, sich für einen Platz in der jeweiligen HSV-Nachwuchsmannschaft zu qualifizieren. Außerdem werden alle Spieler, die den Scouts und Trainern des HSV bei den Young Talents Days und den Arriba Try Outs aufgefallen sind, zu einem Jugendturnier eingeladen, dem **Young Talents Cup**.
Seit 2004 gibt es die **HSV-Fußballschule**. Lehrer sind die Jugendtrainer des HSV. Sie veranstalten in verschiedenen Orten ein Fördertraining. Das soll vor allem Spaß machen. Aber auch hier kann es passieren, dass Kids mit einem besonderen Talent zu einem Probetraining eingeladen werden.
Darüber hinaus sichten die Scouts und Trainer des HSV über das ganze Jahr in den verschiedenen Ligen junge Spieler. Die besten von ihnen werden zu einem der HSV-Scouting-Camps eingeladen.
Termine und Infos zu den „Young Talent Days", den „Try Outs" und der Fußballschule gibt es auf www.hsv.de. Dort finden sich auch viele weitere interessante Informationen für Kids.